W0401128

bofrost

LOWFETT 30

Gabi Schierz
Gabi Vallenthin

LEICHTE TIEFKÜHLREZEPTE

bofrost

LowFett 30

Gabi Schierz
Gabi Vallenthin

LEICHTE TIEFKÜHLREZEPTE

südwest

Inhaltsverzeichnis

Verwendete Abkürzungen

EL	Esslöffel
TL	Teelöffel
Msp	Messerspitze
Pck	Packung
Stck	Stück
TK-	Tiefkühl-
g	Gramm
kg	Kilogramm
ml	Milliliter
l	Liter
kcal	Kilokalorien
KH	Kohlenhydrate

Gesundheit ist nicht alles,
aber ohne Gesundheit ist alles nichts

Ihre Gesundheit liegt uns am Herzen

Liebe Leserinnen und Leser,

wir würden ja gerne alle gesünder leben, wenn wir nur wüssten, wie wir das umsetzen sollen. Gesünder leben – das heißt im ersten Schritt für viele: abnehmen! Und wenn es nur ein paar Kilo sind, aber abzunehmen wäre sicher nicht schlecht.

Deshalb lassen wir uns immer wieder dazu verleiten, Turbodiäten und Wunderpillen auszuprobieren, und kommen nach wenigen Wochen zu dem Punkt, dass diese eigentlich alle nicht für eine dauerhafte Anwendung geeignet sind. Zurück im Alltagstrott sind verlorene Pfunde schneller wieder da, als uns lieb ist ... und meist bringen sie noch ein paar Pfündchen extra mit. Jo-Jo lässt schön grüßen.

Dabei ist „gesünder leben" gar nicht so schwierig, wenn man mal akzeptiert hat, dass kleine Veränderungen, die man dauerhaft umsetzt, eben im Endeffekt viel mehr bringen als die großen Wunder, die so „wunderbar" sind, dass man sie nach wenigen Wochen leid ist.

Weniger Fett, mehr Genuss

Einer der größten Übeltäter – darin sind sich Ärzte wie Ernährungswissenschaftler einig – ist eine zu üppige Ernährung bei gleichzeitig nicht ausreichender Bewegung.

Wer dauerhaft den Konsum von Fetten, die reich an gesättigten Fettsäuren sind, begrenzt und stattdessen vermehrt auf fettarme Gerichte setzt, diese auch noch um eine wohl dosierte Menge von Pflanzen- und Fischfetten ergänzt, tut viel für seine Figur, für sein Herz-Kreislauf-System und für seinen Stoffwechsel.

bofrost* arbeitet nun seit einigen Jahren mit LOW FETT 30 zusammen, und weil wir von dem Konzept überzeugt sind, freuen wir uns, Ihnen das erste LOW FETT 30-Kochbuch von bofrost* vorstellen zu können.

Alle Rezepte, die Sie in diesem Buch finden, sind von den beiden Bestsellerautorinnen Gabi Schierz und Gabi Vallenthin zusammen mit ihren Mitarbeiterinnen persönlich für uns entwickelt und sowohl vom bofrost*Küchenteam als auch von bofrost*Mitarbeitern und bofrost*Kunden getestet und ausgewählt worden.

Im Anhang des Buchs haben wir praxisnahe Wochenpläne für die ersten zwei Wochen zusammengestellt. Für eine Fortsetzung der LOW FETT 30-Ernährung über die ersten 14 Tage hinaus finden Sie weitere Wochenpläne auf unserer Homepage **www.bofrost.de**.

Auf den nun folgenden Seiten erläutern wir Ihnen die Grundlagen von LOW FETT 30. Die Gerichte werden Ihnen mit Sicherheit schmecken, und die Wochenpläne helfen Ihnen, sich in den ersten Tagen der Umstellung zu orientieren.

Wir wünschen Ihnen viel Spaß beim Ausprobieren!

Herzlichst Birgit Oeser

Birgit Oeser
– bofrost*Kochbuch-Redaktion –

LOW FETT 30

maximal 30 % der Kalorien aus Fett

Die Autorinnen: Gabi Schierz und Gabi Vallenthin

Unsere Nahrung – JEDES Lebensmittel – besteht aus den drei Hauptkomponenten Kohlenhydrate, Eiweiß und Fett ... ergänzt um mehr oder minder viel Wasser.

Aus der Menge und der Zusammensetzung der Komponenten ergibt sich der Brennwert eines Lebensmittels, seine „Kalorienzahl". Um zu ermitteln, wie hoch die Gesamtkalorien eines Lebensmittels sind, gilt folgende Formel:

Anzahl Gramm Kohlenhydrate x 4 kcal
(denn ein Gramm Kohlenhydrate hat 4 kcal)
\+
Anzahl Gramm Eiweiß x 4 kcal
(auch ein Gramm Eiweiß hat 4 kcal)
\+
Anzahl Gramm Fett x 9 kcal
(Hoppala! Ein Gramm Fett hat 9 kcal, mehr als doppelt so viel wie Eiweiß oder Kohlenhydrate.)

Wasser hat gar keine Kalorien, verändert deshalb also nur das Volumen und das Gewicht eines Lebensmittels, nicht aber seine Kalorienzahl.

Ein Gramm Fett hat 9 kcal

Es macht also Sinn, beim Fett den Rotstift anzusetzen. Denn schneller kann man die Kalorienzahl seines Essens nicht verringern als durch eine Reduktion von Nahrungsfett. Statt üppig Butter auf ein Brot zu streichen, nimmt man dünn besonders fettarmen Frischkäse. Statt Pommes in der Fritteuse zuzubereiten, wählt man die Backofen-Fritten, und anstelle von fetter Salami kauft man in Zukunft mageren Schinken ein. Ohne große Mühe lassen sich auf diese Weise 50 bis 150 g Fett pro Tag sparen, was einer Ersparnis von 450 bis 1350 Kalorien entspricht. Ohne Diät und ohne zu hungern.

Bei Rohwaren ist das noch relativ einfach, wie aber sieht es mit fertigen Produkten aus? Mit Brotaufstrichen und Wurstsorten, mit Light-Käse und Pizza, mit Nudelgerichten und Hamburgern.

Hier sind Nährwerttabellen oder Kennzeichnungen wichtig ... und ein kleines bisschen Rechnerei, wenn man keine LOW FETT-30-Tabelle zur Hand hat:

LOW FETT 30-Formel

$$\frac{\text{Gramm Fett} \times 9\text{ kcal} \times 100}{\text{Gesamtkalorien}} = \text{\% kcal aus Fett}$$

Beispiel: 100 g gekochter Schinken enthalten 104 kcal und 2 g Fett.

$$\frac{2\text{ g Fett} \times 9\text{ kcal} \times 100}{104\text{ kcal}} = 17{,}31\,\%\text{ Fettkalorien}$$

Es gibt allerdings auch noch eine schnellere Variante, wenn es herauszufinden gilt, ob ein Produkt LOW FETT 30 ist oder nicht:

Nehmen Sie die Gesamtkalorien und teilen Sie diese durch 30 (z.B. 219 kcal). Das Ergebnis (in diesem Fall 7,3) vergleichen Sie mit dem auf der Verpackung angegebenen Wert für „Gramm Fett". Ist der Wert auf der Verpackung gleich oder kleiner als 7,3 ist das Produkt noch LOW FETT 30. Liegt er darüber, ist das Produkt zu fett.

Mit dieser Methode gewinnen Sie zumindest einen schnellen Überblick darüber, welche Produkte im Rahmen Ihres Ernährungsplans geeignet und welche weniger geeignet sind. Für den Fall, dass Sie es doch ganz genau wissen wollen, wenden Sie einfach die LOW FETT 30-Formel an. Diese ist vor allem dann interessant, wenn Sie Diät- oder Light-Produkte in den Händen halten. Sie werden beim genauen Ausrechnen wahre „Bauklötzchen" staunen, fest versprochen!

„Diätwurst" und „Fit"-Brotaufstriche entpuppen sich nun als Fettfallen, und daneben liegen leckere Produkte, die sich mühelos in das Ernährungskonzept LOW FETT 30 integrieren lassen.

Farmers Gemüsepfanne

Prinzip verstanden, aber wie setzt man es um?

Der erste Schritt in die Umsetzung von LOW FETT 30 ist eine intensivere Beschäftigung mit den Nährwerten von Lebensmitteln. Dabei helfen Ihnen die LOW FETT-30-Nährwertlisten, die Angaben auf Verpackungen und die Seiten 102 bis 108 dieses Buches.

Die drei Regeln von LOW FETT 30

Bei LOW FETT 30 kommt man mit drei Basisregeln aus:

Regel 1
Essen Sie, wenn Sie Hunger haben

Das heißt, dass Sie nicht dazu verdammt sind, mit knurrendem Magen rumzulaufen, andererseits aber auch nicht alles in den Mund schieben sollen, nur weil es wenig Fett hat.

Regel 2
Hören Sie auf zu essen, wenn Sie satt sind

Sie dürfen sich also wirklich satt essen ... dabei aber bitte nicht „voll fressen". Denn zwischen „satt" und „voll" liegen meist mehrere 100 Kalorien, die man sich auch locker sparen kann.

Regel 3
Alles, was Sie essen, soll LOW FETT 30 sein

Dabei ist es unerheblich, ob auf der Verpackung des Lebensmittels „bio-Gericht" oder „Schlemmertorte" steht: Wenn es nicht mehr als 30 % der Kalorien aus Fett mit sich bringt, dürfen Sie es essen (wenn Sie weiterhin die Regeln 1 und 2 beherzigen).

Prüfen Sie Ihre Vorräte

Ihr Kühlschrank und Ihre Speisekammer sind jetzt an der Reihe. Gehen Sie systematisch vor und überprüfen Sie jedes Stückchen, das Sie vorrätig haben: Milchprodukte, Knabbersachen, Fertiggerichte und Grundnahrungsmittel. Sie werden staunen, wie viele Lebensmittel Sie als „gesund" eingestuft haben – und die viel zu fett sind – und wie viele „Sünden" gar nicht so sündig sind.

Reduktion von Fetten

Schon beim nächsten Einkauf beginnen Sie, die fetten Lebensmittel durch ihre fettärmeren Geschwister zu ersetzen. Oder Sie machen es sich GANZ einfach und bestellen anhand der Nährwertliste aus diesem Buch bei bofrost*. Die Artikel, die da draufstehen, sind alle LOW FETT 30. Ansonsten kaufen Sie 1,5 %ige Milch anstelle von Vollmilch, gekochten Schinken statt Schinkenwurst, fettarme „Schipps" statt fettreicher Chips und Schokolinsen anstelle von Schokolade. Sahnejoghurts kommen auf die schwarze Liste ... stattdessen gibt es Joghurts mit 1,5 % Fett (oder weniger, wenn Ihnen die jeweilige Sorte schmeckt). Machen Sie es sich zur Gewohnheit, nur Joghurts zu kaufen, die 1,8 % Fett nicht übersteigen. Wenn fettere Joghurts und Quarksorten doch noch LOW FETT 30 sind, liegt das nur daran, dass viel Zucker zugegeben wurde, und das ist dann auch nicht wirklich im Sinne einer gesunden Ernährung.

Butter und Sahne

Eingekaufte Butter, vorrätige Sahne und Schmand können Sie im Rahmen unserer Rezepte – wahrscheinlich in wesentlich kleineren Mengen als bisher – verwenden. Fett ist ja nicht grundsätzlich schlecht, nur diese Mengen an Butter, Sahne und Käse, wie wir sie in der „guten" Küche verwenden, sind eindeutig nicht nötig.

Süß – ja oder nein

Anschließend gehen Sie Ihre Lieblingslebensmittel durch. Gibt es Nahrungsmittel, die Sie sich in Hinblick auf Ihre Figur oder Ihre Gesundheit schon lange verkneifen oder immer nur mit sehr schlechtem Gewissen essen? Das ist oft gar nicht notwendig. Zahlreiche Lebensmittel – insbesondere Süßes, also Kuchen, Kekse und Süßigkeiten – gibt es auch in fettarmen Varianten.

Besser, man isst sich daran im Rahmen von LOW FETT 30 einmal richtig, richtig satt ... auch im vollen Bewusstsein, dass man das auch täglich machen könnte, weil fettarme Lebensmittel ja grundsätzlich erlaubt sind, als dass man ein Leben lang darauf verzichtet. Das Interessante ist, dass man nach einer solchen Orgie in Sachen Gummibärchen, Obsttorten etc. wie durch ein Wunder von seiner

Lauwarmer Spargelsalat mit Rucola (S.74)

extremen Gier nach Süßem „geheilt" ist. Dinge, die man sich lange mit viel Mühe versagt hat, verlieren in dem Moment ihre Attraktivität, wo sie erlaubt sind. Apropos „süß": Haben Sie schon mal den Heidelbeer-Pfannkuchen von bofrost* probiert? Tun Sie's!

Ballaststoffe

Behalten Sie im Hinterkopf, dass Lebensmittel mit vielen Ballaststoffen – also Vollkornbrot, Vollkornnudeln, Vollkornreis, Gemüse und viele Obstsorten – für Ihren Organismus gesünder sind als Lebensmittel ohne Ballaststoffe. Ballaststoffe regen die Verdauung an, senken nachweislich den Cholesterinspiegel und halten Sie länger satt als helle Brotsorten und normale Nudeln. Letzteres liegt an Ihrem Blutzuckerspiegel, der durch vollwertige Lebensmittel nicht so rasend schnell ansteigt und in der Folge davon eine starke Insulinreaktion der Bauchspeicheldrüse auslöst, um einen weiteren Anstieg des Blutzuckerspiegels zu bremsen. Im Nachgang des hektischen Bremsens wird der Blutzuckerspiegel nämlich (zu) extrem abgesenkt und Sie bekommen schneller wieder Hunger.

Machen Sie einfach einen kleinen Selbstversuch über zwei Tage: Am ersten Tag wählen Sie ein weißes Brötchen, bestreichen es mit einem TL Margarine und zwei EL Marmelade. Das Brötchen essen Sie zum Frühstück und stoppen die Zeit, bis Sie danach wieder Hunger bekommen.

Am nächsten Tag nehmen Sie eine Scheibe (ca. 40 g) Vollkornbrot, bestreichen sie mit einem TL Margarine und 50 g magerer Putenbrust, zwei Scheibchen Tomate und zwei Scheibchen Gurke. Und wieder notieren Sie die Zeit, wann das Hungergefühl zurückkommt. Sie werden feststellen, dass Sie mit dem Vollkornbrot bis zu 1,5 Stunden länger satt sind, obwohl beide Brote die gleiche Menge Kalorien haben. Die Ballaststoffe sorgen dafür, dass Sie länger satt sind, die komplexen Kohlenhydrate (Vollkornmehl & Co.) lassen Ihren Blutzuckerspiegel viel moderater ansteigen und das rasante Hungerloch nach viel zu kurzer Zeit bleibt völlig aus.

Gemüse – essen ohne nachzudenken

Sie sollten wegen der Ballaststoffe, aber auch wegen der Vitamine so viel Gemüse essen wie nur möglich. Mindestens 300 g täglich sollten es auf jeden Fall sein. Natürlich fettfrei zubereitet ... einfacher und gesünder kann man nicht satt werden. Wenn Sie Tiefkühlgemüse verwenden ist es einfach, weil Sie nur den Polybeutel aufmachen müssen, um das Gemüse zuzubereiten – die Putzerei können Sie sich dabei schenken – und gesund, weil Tiefkühlgemüse erntefrisch ab Feld verarbeitet wird.

Ein weiterer Vorteil von Tiefkühlgemüse ist der hohe Vitamingehalt. Kälte macht den Vitaminen nämlich nichts aus – im Gegenteil: So bleiben die Vitamine gut geschützt, Spinat z. B. hat nach sieben Monaten Tiefkühlung bei –18 °C noch 80 % seines Vitamin-C-Gehalts. Für die klassische Rohkost – also das Knabbern von Möhren, Kohlrabi oder Gurke –

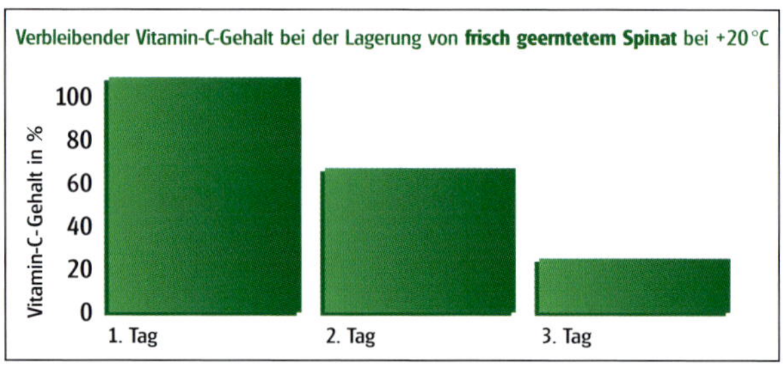

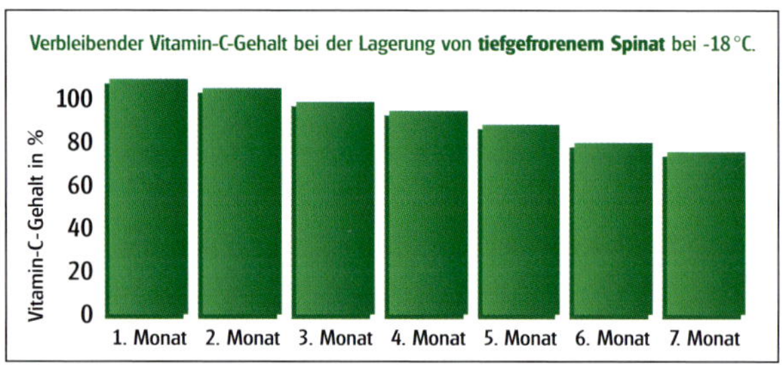

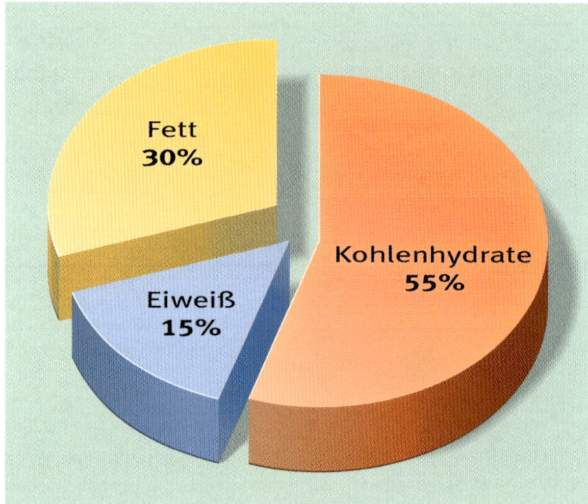

Empfehlung zur täglichen Energieaufnahme von der Deutschen Gesellschaft für Ernährung

werden Sie zwar keine Tiefkühlalternative finden, aber zum Glück gibt es gerade die arbeitsintensiveren Gemüse wie Rotkohl, Bohnen, Lauch oder Rosenkohl schon fix und fertig aus dem Tiefkühlschrank.

Gerade für Berufstätige ist eine küchenfertige Gemüsevielfalt der Schlüssel zum Abnehmerfolg: Denn wer gerne abends warm isst, gerät schnell in die Gefahr, zu viele Kalorien zu sich zu nehmen. Gemüse dagegen füllt mit wenig Brennwert den Magen, sorgt für genügend Vitamine und sekundäre Pflanzenstoffe.

Rotkohl ergibt zusammen mit Gnocchi ein wunderbares Abendessen, Blumenkohl lässt sich zur Blumenkohlsuppe pürieren, Leipziger Allerlei empfiehlt sich als Füllung für ein leichtes Omelett.

Wenig Kalorien – viele Ballaststoffe ... und dazu die ganze Vielfalt der Vitamine, so ist Abnehmen wirklich ganz, ganz einfach.

Hochwertige Fette

Schaffen Sie sich einen kleinen, feinen Vorrat hochwertiger Fette an, die besonders viele essenzielle Fettsäuren enthalten. Unter diesem Aspekt kommen in Frage: kaltgepresste Öle (Olivenöl, Weizenkeimöl, Leinöl, Rapsöl, Distelöl u.v.m.), Nüsse, Mandeln und

Leinsamen für das Müsli und Seefisch für die optimale Versorgung mit essenziellen Fetten. Gerade Seefisch gibt es tiefgekühlt in hervorragender Qualität. Selbst wenn Sie also in einem kleinen Gebirgsdorf wohnen sollten, haben Sie jetzt keine Ausrede mehr, warum Sie keinen Seefisch essen „können". Kaufen Sie nur kleine Mengen an Öl ein, lagern Sie es nach dem ersten Öffnen unbedingt im Kühlschrank und verbrauchen Sie es möglichst schnell. Hochwertige Öle werden leider sehr schnell ranzig.

Gesund mit Wasser

Trinken Sie mehr Wasser, trinken Sie mehr Wasser, trinken Sie mehr Wasser ... Falls Ihnen das schwer fällt: Geben Sie einfach ein paar gefrorene Heidelbeeren oder Himbeeren dazu (anstelle von Eiswürfeln!), dann

sieht das nicht nur nett aus, das Wasser bekommt auf diese Weise ein ganz kleines bisschen Geschmack, ohne dass der kalorienmäßig sehr zu Buche schlägt.

Fit durch Bewegung

Bauen Sie mehr Bewegung in Ihr Leben ein. Nehmen Sie öfter die Treppen, erledigen Sie mehr mit dem Fahrrad, probieren Sie Sportarten wie Aquafitness und Nordic Walking aus. Alle körperlichen Aktivitäten fördern Ihren Stoffwechsel und steigern Ihren Kalorienverbrauch. Für mehr Muskeln, weniger Fett, eine bessere Kondition und mehr Spaß.

Bewegung (Ausdauerbewegung im aeroben Bereich, also in einem Bereich, wo Sie noch gut Luft bekommen) verbessert so nachhaltig auch die psychische Konstitution. Die Bewegung hat den Effekt, dass Sie einfach „besser drauf" sind, mehr Antrieb haben und mehr Lebensfreude. Aber übertreiben Sie nicht. Machen Sie Sport in einem Rahmen, dass er

Ihnen Spaß macht. Vielen Menschen wurde der Spaß an der Bewegung bereits in der Schule auf Lebzeiten verdorben, weil sie die „erforderlichen" Leistungen nicht oder nur mit erheblichem Leidensdruck bringen konnten. Wer sich bei den Bundesjugendspielen und beim Geräteturnen mal so richtig vor der ganzen Klasse blamiert hat, weiß, wovon gerade die Rede ist.

Kalorienzählen, ja oder nein

Wenn Sie die drei Regeln von LOW FETT 30 einhalten (können), müssen Sie keine Kalorien zählen. Außer, Sie nehmen dabei immer noch nicht ab. Dafür kann es zwei Gründe geben:

- Sie essen immer noch zu viel. Ihr Körper hat früher Hunger als er sollte, und Sie werden langsamer satt, als Sie Kalorien zuführen.
- Sie essen zu wenig. Wer jahrelang mit 800 bis 1000 Kalorien gelebt hat, nimmt nicht mehr ab – egal, wie wenig er isst.

In beiden Fällen sollten Sie Ihren Erhaltungsbedarf, oder „Grundumsatz", ermitteln (auch sollten Sie einen Arzt konsultieren, um etwaige Stoffwechselstörungen auszuschließen) und Ihre Nahrungszufuhr daran ausrichten. Das gilt auch für all jene, die nicht mitkriegen, ob sie „Hunger" oder „Appetit" haben, und die sich erst dann „satt" fühlen, wenn wirklich nichts mehr reinpasst. Das ist übrigens die überwiegende Zahl von übergewichtigen Menschen. Sie haben mit LOW FETT 30 die Chance, ihre Körperwahrnehmung wieder so zu schärfen, dass Sie „Hunger" und „satt" sicher unterscheiden und erkennen – dazu müssen Sie allerdings erst eine ganze Weile üben.

Die Wochenpläne (ab Seite 98) sind auf 1500 kcal ausgelegt. Das entspricht in etwa dem Kalorienbedarf einer Frau ab 30 Jahren mit ca. 70 kg Gewicht. Sollten Sie mit Ihrem Gewicht deutlich über oder unter 70 kg wiegen, können Sie Ihren Kalorienbedarf auf den Internetseiten von LOW FETT 30 (www.lowfat.de) und ermitteln.

Die Wochenpläne sind für all jene gemacht, die sich mit den drei Regeln von Seite 7 schwer tun. Hunger ... Appetit ... satt ... voll ...? Es dauert einfach, bis man die Unterschiede wieder merkt.

Wochenpläne

Und damit man sich bis dahin auf sicherem Terrain bewegt, haben wir Wochenpläne für Sie entwickelt, die Ihnen ganz genau sagen, was Sie essen sollen. Für den Fall, dass Sie sich zu 100 % darauf einlassen, dann halten Sie sich auch ruhig an die jeweiligen Tageszeiten.

Der eine **Wochenplan** wurde für die ewig **Eiligen** zusammengestellt. Jene, die zwar nie Zeit zum Kochen haben, aber dennoch gut und gesund essen wollen. Die genannten Gerichte sind alle fertig. Sie müssen sie einfach nur noch zu Ende backen oder kurz erhitzen.

Der zweite **Wochenplan** ist für alle **Hobby-Köche** gedacht. Denn Kochen – gerade nach LOW FETT 30 – ist wirklich ganz einfach.

Es spricht natürlich auch nichts dagegen, Mahlzeiten mit etwa gleichem Kalorienwert gegeneinander auszutauschen, an einem Tag zu kochen und am nächsten dagegen nicht ... oder fünfmal in der Woche das gleiche Frühstück zu essen, weil es einem einfach so gut schmeckt.

Wochenpläne sollen Ihnen als eine Orientierungshilfe dienen ... und sollten nicht als sklavische Verpflichtung verstanden werden.

Bitte prüfen Sie bei dieser Gelegenheit auch Ihren BMI (Body Mass Index). Dabei handelt es sich um die anerkannte Berechnungsgröße für das Verhältnis von Körpergröße zu Gewicht. Es macht ja durchaus einen kleinen Unterschied, ob Sie 155 cm groß sind und 80 kg wiegen oder aber 180 cm – bei dem gleichen Gewicht (siehe Seite 109).

Falls Sie zu den Menschen gehören, für die ein bisschen Anleitung, Motivation und regelmäßige Hilfe wichtig sind, haben Sie die Möglichkeit, an einem unserer Internetprogramme teilzunehmen. Auch Interessengemeinschaften und Selbsthilfegruppen – im Internet wie im „wirklichen Leben" – haben sich bewährt, um gemeinsam Sport zu machen, einkaufen zu gehen oder sich einfach nur auszutauschen.

Für welchen Weg Sie sich auch entscheiden – jeder noch so kleine Schritt bringt Sie Ihrer Gesundheitsvorsorge ein kleines Stückchen näher. Tag für Tag werden Sie aufs Neue feststellen, wie viel feiner Ihre Geschmacksnerven reagieren, wie viel wohler Sie sich fühlen und wie Ihre Vitalität steigt.

Nimmt man als weiteren Nebenaspekt die Zeitersparnis hinzu, die man durch küchenfertiges Tiefkühlgemüse spart, sollte Ihnen eigentlich kein Grund mehr einfallen, warum Sie nicht zumindest das eine oder andere Gericht ausprobieren könnten.

Und falls Sie wirklich gar keine Lust auf Töpfe und Pfannen haben: Alle fertigen Gerichte von bofrost* – dafür garantiert das bofrost*Qualitätsmanagement – sind kontrolliert und z.B. frei von künstlichen Zusatzstoffen. Darüber hinaus sind sie frei von Geschmacksverstärkern und etlichen anderen Dingen, die eher in einen Chemiekasten gehören als auf Ihren Teller.

Achten Sie bei Ihrer Ernährung auf Qualität. Nicht nur, dass Ihnen das Essen besser schmeckt – es macht auch schneller satt, und hochwertige Lebensmittel halten länger vor. Vor allem, wenn Sie Kinder haben, sollten Ihnen Frische und Qualität der Produkte ganz besonders am Herzen liegen.

Wir wünschen Ihnen viel Erfolg bei Ihrem Weg in Ihre gesündere Zukunft,

herzlichst Ihre

Gabi Schierz *Gabi Vallenthin*

Fit in den Tag starten und Kleinigkeiten für zwischendurch

Frühstück und Snacks

Luftige Reisnockerl auf Erdbeerpüree

Für 4 Personen • pro Portion ca. 259 kcal, 3 g Fett, 43 g KH • 10 % kcal aus Fett
Zubereitungszeit: ca. 50 Minuten plus Abkühlzeit

- 500 g TK-Erdbeeren
- 1 EL Puderzucker
- 2 EL Orangensaft
- 500 ml Milch (1,5 % Fett)
- 125 g Rundkornreis (Milchreis)
- 3 gestr. EL Zucker
- Mark einer Vanilleschote
- 50 g Magerquark
- Zitronenmelisseblättchen

1 Die Erdbeeren auftauen und 12 gleichmäßig große Erdbeeren zur Seite legen, den Rest pürieren. Den Puderzucker und den Orangensaft unter das Erdbeerpüree rühren.

2 Die Milch aufkochen, den Reis, den Zucker und das Vanillemark hinzufügen und bei geringer Hitze offen etwa 40 Minuten ausquellen lassen. Ab und zu umrühren. Abkühlen lassen.

3 Die Erdbeersoße auf Teller verteilen. Den Reis mit dem Quark vermischen und mit 2 EL Nocken daraus formen und auf die Soße setzen. Mit den zur Seite gelegten Erdbeeren und den Zitronenmelisseblättchen garniert servieren.

Tipp: Nach Belieben können Sie die Reisnockerl mit frischen Erdbeeren garnieren.

Exotisches Schlemmeromelett

Für 4 Personen • pro Portion ca. 353 kcal, 8 g Fett, 45 g KH • 20 % kcal aus Fett
Zubereitungszeit: ca. 30 Minuten
Backzeit: ca. 15 Minuten

- 4 gehäufte EL Mehl
- 2 Eier
- 1 Prise Salz
- 100 ml fettarme Milch (1,5 % Fett)
- 100 ml kohlensäurehaltiges Mineralwasser
- 600 g TK-Exotischer Fruchtsalat (z. B. Melonen, Mandarinen, Ananas, Weintrauben, Mango, Pfirsich und Papaya)
- 2 kleine rotschalige Äpfel
- 300 g körniger Frischkäse (Halbfettstufe)
- 2 TL Ahornsirup oder Honig
- 2 TL Butter
- Zimt

1 Das Mehl mit den Eiern, einer Prise Salz, der Milch und dem Mineralwasser verrühren und zugedeckt quellen lassen.

2 Das Obst in einem Sieb auftauen lassen, das Abtauwasser als Saft weiterverarbeiten.

3 Die Äpfel waschen, abtrocknen, reiben, unter den Frischkäse rühren und mit dem Ahornsirup oder dem Honig süßen.

4 Eine beschichtete, flache Pfanne mit Butter auspinseln und warm werden lassen. Darin nacheinander 4 Omeletts von beiden Seiten bei mittlerer bis schwacher Hitze in je 2 Minuten goldgelb backen.

5 Die Omeletts mit dem Frischkäse und den Früchten füllen und mit Zimt bestreut servieren.

Tipp: Der exotische Fruchtsalat kann auch gegen eine TK-Beerenmischung ausgetauscht werden.

Himbeer-Clafoutis

Für 4 Personen • pro Portion ca. 291 kcal, 7 g Fett, 48 g KH • 22 % kcal aus Fett
Zubereitungszeit: ca. 10 Minuten
Backzeit: ca. 30 Minuten

- 2 Eier
- 2 gestrichene EL Zucker
- 1 Päckchen Vanillezucker
- 75 g Mehl
- 4 EL Milch (1,5 % Fett)
- 50 g Magerquark
- 1 Prise Salz
- Öl und Mehl für die Form
- 250 g TK-Himbeeren
- 25 g Mandelblättchen
- 5 EL Aprikosengelee zum Glasieren
- Puderzucker zum Bestäuben

1 Den Backofen auf 200 °C vorheizen. Die Eier trennen, das Eigelb mit dem Zucker, dem Vanillezucker, dem Mehl, der Milch und dem Quark verrühren. Je nach Bedarf kann man in den Teig noch zusätzlich Zucker hinzugeben.

2 Das Eiweiß mit 1 Prise Salz und 1 EL Wasser steif schlagen und unter die Eigelbmasse heben.

3 Eine flache Quicheform (Ø ca. 20 cm) mit Öl leicht einfetten und bemehlen. Den Teig einfüllen, mit den tiefgefrorenen Himbeeren belegen und mit den Mandelblättchen bestreuen. Den Clafoutis ca. 30 Minuten backen. Vor dem Servieren mit Aprikosengelee glasieren (hierfür das Aprikosengelee mit 2 EL Wasser erhitzen und mit einem Backpinsel auf der Oberfläche verteilen), danach mit Puderzucker bestäubt servieren.

Tipp: Clafoutis schmeckt auch warm als kleines Hauptgericht hervorragend.

Für dieses Gericht eignen sich auch sehr gut TK-Heidelbeeren oder TK-Obstmischungen.

Darüber hinaus können Sie nach Belieben frische Himbeeren zur Dekoration einsetzen.

Frucht-Müsli-Trifle

Für 4 Personen • pro Portion ca. 438 kcal, 6 g Fett, 66 g KH • 12 % kcal aus Fett
Zubereitungszeit: ca. 20 Minuten
Abkühlzeit: ca. 1 Stunde

500 g TK-Bircher Müsli
100 g Trockenaprikosen
100 g Trockenpflaumen
100 g Trockenpfirsiche
60 g Trockenäpfel
25 g getrocknete Cranberries
400 ml Apfelsaft
6 Kardamomkapseln oder eine Messerspitze Kardamompulver
6 Gewürznelken
1 Zimtstange
Aprikosenscheiben, in feine Streifen geschnitten, zum Garnieren

1 Das Bircher Müsli über Nacht zugedeckt im Kühlschrank auftauen lassen.

2 Die getrockneten Aprikosen, Pflaumen, Pfirsiche und Äpfel halbieren und zusammen mit den Cranberries in einen Topf geben. Den Apfelsaft dazugießen, die Kardamomkapseln, die Gewürznelken und die Zimtstange hinzufügen und aufkochen lassen. Die Mischung ca. 10–15 Minuten leicht kochen, bis die Früchte aufgequollen sind und weich werden.

3 Das Kompott im Topf gut auskühlen lassen. Die Gewürze entfernen und das Kompott in den Kühlschrank stellen.

4 Kurz vor dem Servieren das Kompott abwechselnd mit dem Müsli in vier Dessertgläser schichten.

5 Die Portionen mit Aprikosenstreifen garnieren und sofort servieren.

Tipp: Anstelle der Trockenpfirsiche können Sie auch einfach die doppelte Menge an Trockenaprikosen (200 g) verwenden.

Feine Obstkuchenrolle vom Blech mit Vanille-Eiskrem

Für 4 Personen • pro Portion ca. 483 kcal, 15 g Fett, 70 g KH • 28 % kcal aus Fett
Zubereitungszeit: ca. 15 Minuten
Backzeit: ca. 12 Minuten

- 4 Eier
- 50 g Zucker
- 200 ml Milch (1,5 % Fett)
- 150 g Mehl
- 2 EL kohlensäurehaltiges Mineralwasser
- 1 TL Öl für das Blech
- 300 g TK-Obstmischung (z. B. Johannisbeeren, Brombeeren, Himbeeren und Schattenmorellen)
- 1 EL Puderzucker
- 200 ml Vanille-Eiskrem
- Backfolie

1 Das Backblech (ca. 35 x 40 cm) mit Backfolie auslegen, in den Ofen schieben und den Backofen auf 200 °C vorheizen.

2 Die Eier und 2 EL Zucker 4–5 Minuten schaumig schlagen. Die Milch unter weiterem Schlagen zugießen. Das Mehl esslöffelweise unterrühren, dann das Mineralwasser hinzugeben.

3 Das Blech aus dem Ofen nehmen, die Backfolie sofort mit Öl einfetten und den Teig darauf gießen. Die tiefgefrorene Obstmischung auf dem Teig verteilen. Im heißen Backofen ca. 12–14 Minuten goldbraun backen.

4 Den Kuchen aus dem Backofen nehmen, mit dem restlichen Zucker bestreuen. Sofort mithilfe der Backfolie aufrollen und in dicke Scheiben schneiden. Mit dem Puderzucker bestreuen und zusammen mit der Eiskrem servieren.

Tipp: Mit frischen Früchten (z. B. Johannisbeeren) und Minzblättchen nach Belieben dekorieren.

Für dieses Rezept eignen sich alle Beerenfrüchte, so z. B. auch TK-Himbeeren oder TK-Heidelbeeren.

Zum Sattessen: Hauptgerichte für Genießer

Mittagessen

Mediterrane Gemüsesuppe

Für 4–6 Personen als Eintopf • Nährwerte berechnet für 4 Personen • pro Portion ca. 246 kcal, 7 g Fett, 32 g KH • 26 % kcal aus Fett
Zubereitungszeit: ca. 25 Minuten

- 150 g TK-Zwiebelwürfel
- 2 EL Olivenöl
- 2 Knoblauchzehen
- 3 Tomaten
- 250 g Kartoffeln
- 1 1/4 l Gemüsebrühe, instant
- 200 g TK-Dicke Bohnen
- 800 g TK-Gemüsebeilage (z. B. Blumenkohl, Karotten, Prinzessbohnen und Erbsen)
- Salz
- Pfeffer aus der Mühle
- 3 EL TK-Petersilie

1 Die Zwiebelwürfel im heißen Öl glasig dünsten. Den abgezogenen Knoblauch dazupressen und kurz mitdünsten.

2 Die Tomaten kreuzweise einschneiden, überbrühen, häuten, entkernen und würfeln. Die Kartoffeln schälen, waschen und in kleine Würfel schneiden.

3 Die Tomatenwürfel und die Gemüsebrühe zu den Zwiebeln geben und bei kleiner Hitze 5 Minuten köcheln lassen. Die Kartoffelwürfel und die Dicken Bohnen hinzufügen, aufkochen und weitere 5 Minuten garen. Die Gemüsebeilage zugeben, erneut aufkochen und alles noch etwa 10 Minuten bei geschlossenem Deckel weiterköcheln.

4 Die Gemüsesuppe zum Schluss mit Salz und Pfeffer abschmecken und die Petersilie darüber streuen.

Tipp: Reichen Sie am besten ein kräftiges Bauernbrot zur Gemüsesuppe.

Spaghetti mit Blattspinat und Feta

Für 4 Personen • pro Portion ca. 525 kcal, 12 g Fett, 78 g KH • 21 % kcal aus Fett
Zubereitungszeit: ca. 30 Minuten

- 480 g TK-Blattspinat
- 1 Knoblauchzehe
- 250 g Kirschtomaten
- 200 g Feta (40 % Fett i. Tr.)
- 400 g Spaghetti
- Salz
- 50 g TK-Zwiebelwürfel
- 1 EL Olivenöl
- 1/2 TL Oregano
- Pfeffer aus der Mühle

1 Den Spinat über Nacht zugedeckt im Kühlschrank auftauen lassen. Anschließend in ein Sieb geben, kaum ausdrücken und grob hacken. Die Knoblauchzehe abziehen und fein hacken. Die Kirschtomaten waschen und halbieren. Den Feta in Würfel schneiden oder zerbröckeln.

2 Die Spaghetti in gesalzenem Wasser bissfest garen. Die Zwiebelwürfel mit dem Knoblauch in einer beschichteten Pfanne im heißen Öl andünsten. Den Spinat mit dem Oregano zugeben und ca. 3 Minuten mitdünsten. Zum Schluss die Tomatenhälften unterheben, miterhitzen, kräftig salzen und pfeffern.

3 Die Nudeln abtropfen lassen, dabei ca. 125 ml Kochwasser auffangen. Die Nudeln mit dem Spinat und dem Käse mischen. Das aufgefangene Nudelwasser, vorsichtig, bis zur gewünschten Konsistenz, unter die Spaghetti mischen.

4 Die Spaghetti evtl. nachwürzen und in tiefen Pastatellern servieren.

Pikante Tomaten-Penne mit grünen Bohnen

Für 4–6 Personen • Nährwerte berechnet für 4 Personen • pro Portion ca. 582 kcal, 12 g Fett, 99 g KH • 19 % kcal aus Fett
Zubereitungszeit: ca. 40 Minuten

- 2 Knoblauchzehen
- 2 rote Chilischoten
- 3 EL Olivenöl
- 100 g TK-Zwiebelwürfel
- 1 EL Zucker
- 2 Dosen Pizzatomaten, gewürfelt (à 400 ml)
- Salz
- Pfeffer aus der Mühle
- 500 g Penne
- 400 g TK-Brechbohnen
- 250 g Kirschtomaten
- 2 EL TK-Kräutermischung (z. B. Schnittlauch, Petersilie, Zwiebeln und Schnittknoblauch)

1 Den Knoblauch abziehen und fein würfeln, die Chilischoten waschen, den Fruchtansatz entfernen. Das Öl in einem Topf erhitzen, die Zwiebelwürfel, den Knoblauch und die ganzen Chilischoten darin ca. 2 Minuten dünsten. Den Zucker zugeben und schmelzen lassen. Die Dosentomaten hinzufügen und bei mittlerer Hitze etwa 10 Minuten kochen. Die Chilischoten herausnehmen, die Tomatensoße mit Salz und Pfeffer würzen.

2 Die Penne in reichlich Salzwasser nach Packungsanweisung garen. Nach 5 Minuten die Bohnen zugeben, aufkochen lassen und mitgaren. Vom Nudelwasser 100 ml abnehmen und in die Tomatensoße geben.

3 Penne und Bohnen abgießen, gut abtropfen lassen und mit der Tomatensoße mischen.

4 Kurz vor dem Servieren die halbierten Kirschtomaten unter die Bohnen-Nudel-Mischung heben und mit den Kräutern bestreuen.

Tipp: Wer es schärfer mag, schneidet einen Teil der Chilischoten klein und mengt sie unter die Tomatensoße.

Bunter Gemüse-Tomaten-Reis

Für 4 Personen • pro Portion ca. 348 kcal, 8 g Fett, 58 g KH • 21 % kcal aus Fett
Zubereitungszeit: ca. 30 Minuten

- 200 g Langkornreis
- 200 ml Tomatensaft
- 200 ml Gemüsebrühe, instant
- Salz
- 2 EL Olivenöl
- 1 EL Butter
- 250 g TK-Broccoli-Röschen
- 250 g TK-Paprikastreifen
- 200 g TK-Mais
- 150 g TK-Porree
- 2 Knoblauchzehen
- 100 g TK-Kaiserschoten
- Pfeffer aus der Mühle
- 2 EL TK-Schnittlauch

1 Den Reis mit dem Tomatensaft, der Gemüsebrühe und etwas Salz in einem Topf zum Kochen bringen. Den Reis nach Packungsangabe etwa 20 Minuten garen.

2 Das Olivenöl und die Butter in einer großen beschichteten Pfanne erhitzen und das tiefgefrorene Gemüse mit Ausnahme der Kaiserschoten hineingeben. Den Knoblauch abziehen und dazupressen. Alles etwa 8 Minuten zugedeckt dünsten, die Kaiserschoten in den letzten 2 Garminuten zufügen. Mit Salz und Pfeffer abschmecken.

3 Den gegarten Tomatenreis unter das Gemüse heben, nochmals mit Salz und Pfeffer abschmecken und mit Schnittlauch bestreut servieren.

Schupfnudel-Auflauf mit Kräuterkäsesoße

Für 4 Personen • pro Portion ca. 517 kcal, 11 g Fett, 74 g KH • 19 % kcal aus Fett
Zubereitungszeit: ca. 30 Minuten
Backzeit: ca. 30 Minuten

- 300 ml Gemüsebrühe, instant
- 200 g Kräuterfrischkäse (0,8 % Fett)
- 3 EL TK-Kräutermischung (z.B. Schnittlauch, Petersilie, Zwiebeln und Schnittknoblauch)
- 1/2 rote Chilischote
- Salz, Pfeffer aus der Mühle
- Zitronensaft
- 800 g TK-Schupfnudeln
- 600 g TK-Erbsen und Karotten
- 100 g Edamer, gerieben (30 % Fett)

1 Den Backofen auf 200 °C vorheizen.

2 Die Gemüsebrühe in einem Topf erwärmen, den Kräuterfrischkäse einrühren und schmelzen lassen, dabei nicht kochen. 2 EL Kräutermischung unter die Soße rühren, mit Chili, Salz, Pfeffer und Zitronensaft abschmecken.

3 Die tiefgefrorenen Schupfnudeln und das Gemüse in eine gefettete Auflaufform geben. Die Soße darüber gießen und das Ganze mit dem Edamer bestreuen.

4 Den Auflauf im heißen Ofen etwa 30 Minuten backen. Mit den restlichen Kräutern garniert servieren.

Kartoffelpfanne mit Kaiserschoten

Für 4–6 Personen • Nährwerte berechnet für 4 Personen • pro Portion ca. 354 kcal, 7 g Fett, 59 g KH • 19 % kcal aus Fett
Zubereitungszeit: ca. 20 Minuten

- 200 g Bulgur
- 400 g kleine Pellkartoffeln (evtl. vom Vortag)
- 300 g TK-Kaiserschoten
- 1 Prise Zucker
- 2 EL Öl
- 100 g TK-Zwiebelwürfel
- 300 g TK-Möhren, gewürfelt
- Salz
- Pfeffer aus der Mühle
- 2 EL TK-Petersilie

1 100 ml Wasser aufkochen und den Bulgur damit übergießen. Anschließend ca. 10 Minuten quellen lassen. Mit einer Gabel zwischendurch auflockern.

2 Die Kartoffeln pellen und in kleine Würfelchen schneiden. 500 ml leicht gesalzenes Wasser aufkochen, die tiefgefrorenen Kaiserschoten und eine Prise Zucker zufügen, nochmals aufkochen und 1 Minute ziehen lassen. In einem Sieb abgießen, mit kaltem Wasser abschrecken und gut abtropfen lassen.

3 Das Öl in einer beschichteten Pfanne erhitzen und die Kartoffeln darin unter Wenden braun braten. Die Zwiebeln und die Möhren dazugeben und weich dünsten. Die Kaiserschoten und den Bulgur unterrühren und kurz erhitzen. Mit Salz und Pfeffer würzen und mit Petersilie bestreut servieren.

Tipp: Bulgur ist gekochter, getrockneter und geschroteter Weizen, den Sie üblicherweise in Ihrem Reformhaus erhalten. Als Alternative können Sie auch Couscous verwenden.

Pangasius-Orangen-Pfanne

Für 4–6 Personen • Nährwerte berechnet für 4 Personen • pro Portion ca. 705 kcal, 22 g Fett, 92 g KH • 28 % kcal aus Fett
Zubereitungszeit: ca. 40 Minuten

- 600 g TK-Pangasiusfilet
- Salz
- Pfeffer aus der Mühle
- 2 EL Zitronensaft
- 2 EL Pinienkerne
- 500 g Fenchelknolle
- 1/2 Bund Frühlingszwiebeln
- 1 unbehandelte Orange
- 400 g Bandnudeln
- 2 EL Rapsöl
- 200 ml Gemüsebrühe (im Glas)
- 1 EL Zucker
- 100 ml Orangensaft
- 150 g Crème fraîche légère (12 % Fett)
- 2 EL Anisschnaps

1 Den Fisch über Nacht zugedeckt im Kühlschrank auftauen lassen. Anschließend trockentupfen und in mundgerechte Stücke schneiden. Mit Salz, Pfeffer und Zitronensaft würzen.

2 Die Pinienkerne in einer Pfanne ohne Fettzugabe goldgelb rösten und zur Seite stellen. Den Fenchel putzen, waschen und in dünne Scheiben schneiden. Die Frühlingszwiebeln putzen, waschen und den weißen Teil fein würfeln, den hellgrünen Teil schräg in ca. 4 cm lange Stücke schneiden. Die Orange heiß abwaschen, trockenreiben und etwa 2 TL Schale abreiben. Die Frucht mit einem scharfen Messer schälen, sodass auch die weiße Haut entfernt wird. Die Filets entlang der Innenhäute herausschneiden, den Saft dabei auffangen.

3 Die Nudeln nach Packungsanweisung in reichlich Salzwasser bissfest garen.

4 Den Fenchel und die Frühlingszwiebelstücke und -würfel in 1 EL Öl andünsten, die Brühe angießen und alles zugedeckt 4–5 Minuten bei mittlerer Hitze bissfest garen.

5 Die Pangasiusfiletstücke im restlichen Öl in einer beschichteten Pfanne von beiden Seiten 2 Minuten braten und warm stellen.

6 Den Zucker in einer Pfanne bei mittlerer Hitze schmelzen lassen, mit dem gesamten Orangensaft und der Crème fraîche légère ablöschen und etwas einköcheln lassen. Die Soße mit der Orangenschale, dem Anisschnaps, Salz und Pfeffer würzen. Die Pangasiusfiletstücke und die Orangenfilets in der Soße erwärmen.

7 Die heißen Nudeln vorsichtig unter die Gemüsemischung heben und in tiefen Pastatellern anrichten. Den Pangasius mit den Orangenfilets darauf verteilen und mit Pinienkernen bestreut servieren.

Lachs-Zucchini-Nudeln

Für 4–6 Personen • Nährwerte berechnet für 4 Personen • pro Portion ca. 726 kcal, 24 g Fett, 80 g KH • 30 % kcal aus Fett
Zubereitungszeit: ca. 30 Minuten

- 400 g Bandnudeln
- Salz
- 1 große grüne Zucchini
- 4 Stücke TK-Lachsfilet à 120 g
- 1 EL Öl
- weißer Pfeffer aus der Mühle
- 4 EL TK-Zwiebelwürfel
- 5 EL trockener Wermut oder Weißwein
- 300 ml Gemüsebrühe
- 1 gehäufter TL Speisestärke
- 100 ml Kaffeesahne (4 % Fett)
- 1 EL Zitronensaft
- 3 EL fein geschnittenen frischen Dill
- evtl. 1 Prise Zucker zum Abrunden der Soße

1 Die Nudeln in reichlich gesalzenem Wasser nach Packungsanleitung bissfest garen. Die Zucchini waschen, längs halbieren und in Scheiben schneiden.

2 Die Lachsfilets über Nacht zugedeckt im Kühlschrank auftauen lassen, anschließend trockentupfen und würfeln. Das Öl in einer beschichteten Pfanne erhitzen und das Lachsfilet darin von allen Seiten anbraten. Salzen, pfeffern und aus der Pfanne nehmen.

3 Die Zwiebelwürfel und die Zucchinischeiben im Bratfett anbraten und würzen. Mit dem Wermut oder dem Weißwein ablöschen und die Brühe angießen.

4 Die Speisestärke in etwas Wasser glatt rühren, unter Rühren in die Pfanne geben und alles gut aufkochen lassen. Die Kaffeesahne unterrühren, die Lachswürfel hinzugeben und ohne Deckel kurz ziehen lassen.

5 Den frischen Dill unterheben und mit Salz, Pfeffer und Zitronensaft abschmecken. Heiße Nudeln in tiefe Pastateller geben. Die Lachswürfel mit der Zucchinisoße darauf verteilen, mit Dillspitzen garnieren und servieren.

Tipp: Anstelle von Zucchini können Sie auch Salatgurke verwenden. Die Soße mit einer Prise Zucker abrunden.

Forelle auf Gemüse-Wildreis-Mischung

Für 4 Personen • pro Portion ca. 442 kcal, 14 g Fett, 23 g KH • 29 % kcal aus Fett
Zubereitungszeit: ca. 20 Minuten
Backzeit: ca. 20 Minuten

- 4 TK-Forellen (ganz, küchenfertig ausgenommen, ca. 200–250 g pro Forelle)
- Salz
- Pfeffer aus der Mühle
- 1 unbehandelte Zitrone
- 1–2 EL Wacholderbeeren
- 4 Lorbeerblätter
- 1 EL Öl
- 500 g TK-Gemüse-Wildreis-Mischung (z. B. Reis, Wildreis, Sonnenblumenkerne, Broccoli, Champignons, Paprika und Mais)
- 200 ml Fischfond oder Gemüsebrühe, instant

1 Die Forellen zugedeckt über Nacht im Kühlschrank auftauen lassen, anschließend mit kaltem Wasser abspülen, trockentupfen und mit Salz und Pfeffer würzen. Die Zitrone in Scheiben schneiden. Den Backofen auf 200 °C vorheizen.

2 Jeweils 2 halbe Zitronenscheiben, einige Wacholderbeeren und 1 Lorbeerblatt in die Fische legen. Die Bauchlappen mit Holzspießen zusammenhalten.

3 Das Öl in einer beschichteten Pfanne erhitzen und die tiefgefrorene Gemüse-Wildreis-Mischung anbraten und kurz dünsten. Mit Salz und Pfeffer abschmecken.

4 Die Gemüse-Wildreis-Mischung in eine Auflaufform geben, die Forellen nebeneinander darauf legen und den Fischfond oder die Gemüsebrühe angießen. Im Backofen auf der 2. Schiene von unten etwa 20 Minuten garen, bis das Fischfleisch fest ist.

Tipp: Als Alternative zu der Zitrone können Sie auch eine Limette verwenden!

Fischragout auf Pastablättern

Für 4 Personen • pro Portion ca. 441 kcal, 14 g Fett, 39 g KH • 29 % kcal aus Fett
Zubereitungszeit: ca. 30 Minuten

- 500 g TK-Fischfilet, z. B. Limanda aspera
- 8 TK-Riesengarnelen
- 200 g Stangensellerie
- 400 ml Fischfond
- 200 g TK-Porree
- 400 g TK-Babymöhren
- 1 EL Sonnenblumenöl
- 4 EL Zitronensaft
- Salz
- Pfeffer
- 8 Lasagneblätter
- 4 EL Sherry
- 100 g Schmand
- 1 EL Soßenbinder
- 1 EL Trüffelöl
- 2 EL TK-Petersilie

1 Den Fisch sowie die Garnelen über Nacht zugedeckt im Kühlschrank auftauen lassen, anschließend kalt abspülen und trockentupfen. Den Fisch in mundgerechte Stücke schneiden. Den Sellerie putzen, waschen und in Scheiben schneiden.

2 In einem Topf den Fischfond zum Kochen bringen, den Lauch und ein Drittel der Möhren zufügen, aufkochen und ca. 10 Minuten köcheln lassen.

3 Das Sonnenblumenöl in einer beschichteten Pfanne erhitzen, den Fisch, den Sellerie und die restlichen Möhren darin ca. 5 Minuten dünsten. Den Zitronensaft zugeben, salzen und pfeffern.

4 Inzwischen die Lasagneblätter in reichlich kochendem Salzwasser bissfest kochen.

5 Den Sherry und den Schmand zum Gemüse geben und alles pürieren. Nochmals erhitzen, bei Bedarf den Soßenbinder einrühren und unter Rühren aufkochen. Die Garnelen zugeben, erhitzen, mit Salz und Pfeffer würzen und abschmecken.

6 Die Lasagneblätter in einem Sieb abgießen, nicht abtropfen lassen, in den Topf zurückgeben, das Trüffelöl darüber träufeln und vorsichtig vermischen.

7 Auf vier Teller je 2 EL Sherrysoße geben, darauf 1 Pastablatt legen und die Hälfte des Fischragouts sowie etwas Sherrysoße darauf verteilen. Nun wieder ein Pastablatt legen und die restliche Sherrysoße mit den Riesengarnelen darüber geben. Mit Petersilie bestreut servieren.

Tipp: Anstelle des exklusiven Trüffelöls können Sie auch ein gutes Olivenöl verwenden.

Fischpfanne auf mediterrane Art

Für 4 Personen • pro Portion ca. 535 kcal, 9 g Fett, 62 g KH • 15 % kcal aus Fett
Zubereitungszeit: ca. 30 Minuten

- 500 g TK-Fischfilet, z. B. Limanda aspera
- 200 g TK-Grönlandkrabben
- Salz
- Zitronenpfeffer
- 2 Knoblauchzehen
- 200 g Kirschtomaten
- je 1 kleine gelbe und grüne Zucchini à ca. 150 g
- 300 g bunte Bandnudeln
- 2 EL Olivenöl
- 100 g TK-Zwiebelwürfel
- 1/4 l Weißwein
- 100 ml kräftige Gemüsebrühe, instant
- je 1/2 TL Rosmarin und Thymian, gehackt
- 2 EL TK-Kräutermischung (z. B. Schnittlauch, Petersilie, Zwiebeln und Schnittknoblauch)

1 Den über Nacht zugedeckt im Kühlschrank aufgetauten Fisch und die Grönlandkrabben trockentupfen. Die Fischfilets in je 3–4 Stücke schneiden, mit Salz und Zitronenpfeffer würzen. Den Knoblauch abziehen, fein hacken. Die Tomaten und Zucchini waschen. Die Zucchini putzen, längs halbieren und in Scheiben schneiden, die Tomaten halbieren.

2 Die Nudeln nach Packungsanleitung in reichlich Salzwasser bissfest kochen.

3 Das Öl in einer beschichteten Pfanne erhitzen, den Fisch rundherum etwa 2 Minuten anbraten, herausnehmen und warm stellen. Die Zwiebelwürfel, den Knoblauch und die Zucchini im verbliebenen Bratfett andünsten. Den Wein und die Gemüsebrühe zugießen, Rosmarin und Thymian unterrühren und alles etwa 5 Minuten dünsten, mit Salz und Zitronenpfeffer abschmecken. Die abgetropften Nudeln und die Tomaten untermengen und miterhitzen.

4 Den Fisch und die Grönlandkrabben auf die Gemüsenudeln legen und abgedeckt noch etwa 2 Minuten ziehen lassen.

5 Mit der Kräutermischung bestreut servieren.

Kabeljau „Kerala" in Kokossoße mit Kaiserschoten

Für 4 Personen • pro Portion ca. 466 kcal, 15 g Fett, 47 g KH • 29 % kcal aus Fett
Zubereitungszeit: ca. 40 Minuten

- 200 g Basmati-Reis
- 4 TK-Kabeljaufilets à 150 g
- Salz
- Pfeffer aus der Mühle
- 500 g Tomaten
- 1 Knoblauchzehe
- 1 kleine Chilischote, rot
- 1 Stück frischen Ingwer, ca. 20 g, fein gerieben
- 1 TL Sonnenblumenöl
- 50 g TK-Zwiebelwürfel
- 300 ml Kokosmilch (Dose)
- 1 TL Curry
- 2 TL Gemüsebrühe (oder 1 Würfel)
- Saft einer Limette
- etwas Zucker
- 250 g TK-Kaiserschoten
- 2 EL TK-Petersilie

1 Den Basmati-Reis entsprechend der Packungsanweisung garen.

2 Die Fischfilets über Nacht zugedeckt im Kühlschrank auftauen lassen, kalt abspülen, trockentupfen, evtl. halbieren und mit Salz und Pfeffer würzen. Die Tomaten waschen, brühen, häuten, die Kerne entfernen und das Fruchtfleisch in Würfel schneiden. Die Knoblauchzehe abziehen und durchpressen. Die Chilischote waschen, Kerne und weiße Innenhäute entfernen und in kleine Würfel schneiden. Den fein geriebenen Ingwer in einem feinmaschigen Sieb auspressen, den Saft auffangen.

3 Das Öl in einer beschichteten Pfanne heiß werden lassen, Zwiebel, Knoblauch, Chili und Ingwersaft zugeben und anbraten. Die Tomaten hinzufügen und alles ca. 5 Minuten andünsten.

4 Die Kokosmilch und 175 ml Wasser dazugießen. Curry zufügen, mit der Gemüsebrühe würzen und abschmecken. Die Kokossoße zum Kochen bringen, mit dem Limettensaft und evtl. 1 Prise Zucker abschmecken. Das Fischfilet zugeben und zugedeckt bei geringer Wärmezufuhr 7–10 Minuten gar ziehen lassen.

5 Etwa 500 ml Salzwasser mit einer Prise Zucker zum Kochen bringen, die Kaiserschoten zufügen und nochmals aufkochen. Knapp 1 Minute ziehen lassen, in einem Sieb abschütten und sofort mit dem Fisch, dem Reis und der Soße auf Tellern anrichten. Mit Petersilie garniert servieren.

Tipp: Das Gericht schmeckt auch gut mit Pangasiusfilet.

Rotbarschfilet „Dijon" auf Risi Pisi

Für 4–6 Personen • Nährwerte berechnet für 4 Personen • pro Portion ca. 532 kcal, 11 g Fett, 67 g KH • 19 % kcal aus Fett
Zubereitungszeit: ca. 35 Minuten
Backzeit: ca. 15 Minuten

- 250 g Joghurt (1,5 % Fett)
- 1–2 EL Speisestärke
- 2 EL flüssiger Honig
- 3 EL Dijon-Senf (körnig)
- Salz
- Pfeffer aus der Mühle
- 200 g Reis, parboiled
- 1 EL Rapsöl
- 600 g TK-Rotbarschfilet
- 2 EL Zitronensaft
- 8 Frühlingszwiebeln
- 300 g TK-Erbsen „Petits Pois"
- 3 EL TK-Petersilie

1 Den Backofen auf 220 °C vorheizen. Den Joghurt mit der Speisestärke, dem Honig und dem Senf verrühren, mit Salz und Pfeffer würzen und zur Seite stellen. Den Reis nach Packungsanweisung in reichlich Salzwasser garen. Eine Auflaufform mit wenig Öl einfetten.

2 Den Fisch über Nacht zugedeckt im Kühlschrank auftauen lassen, trockentupfen, in acht gleich große Stücke schneiden und mit dem Zitronensaft beträufeln. Die Frühlingszwiebeln putzen, waschen und nur die weißen und hellgrünen Teile in Ringe schneiden. Das restliche Öl in einer beschichteten Pfanne heiß werden lassen, die Zwiebelringe hinzufügen und 2 Minuten dünsten.

3 Den Reis abgießen, sofort mit den tiefgekühlten Erbsen mischen und in einem Sieb abtropfen lassen. Die Petersilie mit den Zwiebelringen zum Reis geben, salzen, pfeffern und in die Auflaufform geben.

4 Den Fisch trockentupfen, von beiden Seiten salzen und pfeffern und auf den Reis legen. Die Hälfte vom Joghurt-Mix auf dem Fisch verteilen. Den Fisch im heißen Backofen auf der 2. Schiene von unten 12–15 Minuten backen (Umluft nicht empfehlenswert). Die restliche Soße unter Rühren aufkochen und dazu servieren.

Tipp: In Gemüsebrühe statt Salz gegart, schmeckt der Reis besonders aromatisch.

Kaiserschoten-Spargel-Risotto mit Hähnchenbruststreifen

Für 4–6 Personen • Nährwerte berechnet für 4 Personen • pro Portion ca. 494 kcal, 13 g Fett, 58 g KH • 24 % kcal aus Fett
Zubereitungszeit: ca. 40 Minuten

- 300 g TK-Hähnchen-Brustfiletstücke (gewürzt und gegart)
- 500 g TK-Weißer Stangenspargel
- 350 g TK-Kaiserschoten
- Salz
- 2 EL Butter
- 1 Prise Zucker
- 1 Bund Frühlingszwiebeln
- 1 Knoblauchzehe
- 250 g Risotto-Reis
- 450 ml Gemüsebrühe
- 50 ml Weißwein
- 1 EL Öl
- 1 EL TK-Petersilie
- 2 EL Crème fraîche légère (12 % Fett)
- Pfeffer aus der Mühle

1 Die Hähnchen-Brustfiletstücke zugedeckt über Nacht im Kühlschrank auftauen lassen.

2 Den Spargel kurz antauen lassen, mit einem scharfen Messer schräg in ca. 2 cm breite Stücke schneiden. Die Kaiserschoten schräg halbieren. In einem Topf Wasser zum Kochen bringen, die Spargelstücke, Salz, 1 TL Butter und den Zucker hinzufügen, nochmals aufkochen und ca. 18 Minuten leicht kochen lassen. In der letzten Minute die Kaiserschoten hinzufügen, nochmals aufkochen und alles zum Abtropfen in ein Sieb geben.

3 Die Frühlingszwiebeln putzen, waschen und in feine Ringe schneiden. Die Knoblauchzehe abziehen und zerdrücken. Den Knoblauch in der übrigen erhitzten Butter kurz dünsten, den Reis hinzufügen und glasig dünsten. Etwas Brühe angießen, den Rest der Brühe und den Wein nach und nach zugießen und ca. 20 Minuten bei geringer Hitze unter Rühren ausquellen lassen.

4 Die Hähnchen-Brustfiletstücke in einer beschichteten Pfanne im heißen Öl knusprig braten. Die Frühlingszwiebeln, Petersilie, Crème fraîche, Spargelstücke und Kaiserschoten zum Risotto hinzufügen, mit erhitzen und mit Salz und Pfeffer abschmecken.

5 Den fertigen Risotto mit den Hähnchen-Brustfiletstücken servieren.

Hähnchengeschnetzeltes in Champignonrahm

Für 4 Personen • pro Portion ca. 305 kcal, 7 g Fett, 15 g KH • 21 % kcal aus Fett
Zubereitungszeit: ca. 40 Minuten

4 TK-Hähnchen-Brustfilets, naturbelassen, à ca. 150 g
Salz
weißer Pfeffer aus der Mühle
1 EL Mehl
1 EL Rapsöl
3 EL TK-Zwiebelwürfel
100 ml Weißwein
250 g Kaffeesahne (4 % Fett)
1 EL gekörnte Brühe
200 g TK-Champignons in Scheiben
1 EL Soßenbinder, hell
Worcestersoße
1 EL TK-Petersilie

1 Das über Nacht zugedeckt im Kühlschrank aufgetaute Fleisch kalt abspülen, trockentupfen, in schmale Streifen schneiden, leicht salzen, pfeffern und im Mehl wenden.

2 Das Öl in einer beschichteten, tiefen Pfanne erhitzen und die Fleischstücke goldbraun braten.

3 Die Zwiebelwürfel zugeben und mit anrösten, mit Weißwein ablöschen und etwas einkochen lassen. Mit der Kaffeesahne aufgießen, gekörnte Brühe und Soßenbinder unterrühren, Champignons hinzufügen und etwa 5 Minuten sanft köcheln.

4 Das Hähnchengeschnetzelte mit Worcestersoße abschmecken und mit Petersilie bestreut servieren.

Tipp: Dazu empfehlen wir Vollkornspiralen oder Reis.

Hähnchenfilet mit Kräuterkruste

Für 4 Personen • pro Portion ca. 507 kcal, 16 g Fett, 47 g KH • 28 % kcal aus Fett
Zubereitungszeit: ca. 45 Minuten

- 4 kleine Rosmarinzweige oder 2 TL getrockneter Rosmarin
- 2 EL TK-Kräutermischung (z.B. Schnittlauch, Petersilie, Zwiebeln und Schnittknoblauch)
- 50 g milder Dijonsenf
- 1 EL Rapsöl
- 2 EL Paniermehl
- Salz
- Pfeffer aus der Mühle
- 4 Hähnchen-Brustfilets, naturbelassen, à ca. 150 g
- 2 EL Butter
- 200 g Langkornreis
- 1 Würfel Gemüsebrühe
- 600 g TK-Broccoli-Röschen
- 40 g Walnüsse, gehackt
- Backfolie

1 Den Backofen auf 200 °C vorheizen. Die Rosmarinzweige waschen, trockenschütteln, die Nadeln abstreifen und sehr fein hacken. Mit der Kräutermischung, dem Senf, dem Öl und dem Paniermehl verrühren, mit Salz und Pfeffer würzen. Evtl. mit 2 EL Wasser geschmeidig rühren.

2 Die über Nacht zugedeckt im Kühlschrank aufgetauten Hähnchen-Brustfilets trockentupfen, salzen, pfeffern und mit der Kräutermasse bestreichen. Auf ein mit Backfolie belegtes Backblech legen. Im heißen Backofen ca. 30 Minuten backen. Für den Fall, dass die Kruste zu braun wird, mit Alufolie abdecken. Nach 20 Minuten Backzeit die Hälfte der Butter in kleinen Flocken auf dem Fleisch verteilen.

3 Den Reis gemäß der Packungsanweisung in Gemüsebrühe garen.

4 100 ml leicht gesalzenes Wasser zum Kochen bringen, den tiefgefrorenen Broccoli zufügen, nochmal aufkochen und bei mittlerer Hitze etwa 8 Minuten garen, dann die restliche Butter unterrühren. Die Walnüsse in einer fettfreien Pfanne unter Rühren leicht rösten.

5 Die Hähnchenbrust mit dem Broccoli anrichten, die Nüsse darüber streuen und den abgetropften Reis dazu servieren.

Limetten-Zitronen-Spieße mit Hähnchenbrust auf Paprikastreifen

Für 4 Personen • pro Portion ca. 427 kcal, 5 g Fett, 47 g KH • 10 % kcal aus Fett
Zubereitungszeit: ca. 30 Minuten
Marinierzeit: ca. 30 Minuten

- 2 unbehandelte Zitronen
- 1 unbehandelte Limette
- 600 g TK-Hähnchen-Brustfiletstücke (gewürzt und gegart)
- 200 g Basmati-Reis
- 1 TL Öl
- 500 g TK-Paprikastreifen
- Salz
- Pfeffer aus der Mühle
- 2 TL TK-Schnittlauch zum Garnieren
- 8 Schaschlikspieße
- Backfolie

1 Die Zitronen und die Limette heiß abwaschen und trockenreiben. 1 Zitrone und die Limette in je 8 Stücke schneiden und vorhandene Kerne entfernen. Den Saft der übrigen Zitrone auspressen. Die über Nacht zugedeckt im Kühlschrank aufgetauten Hähnchen-Brustfiletstücke abwechselnd mit den Zitrusfrüchten auf die Schaschlikspieße stecken und mit dem Zitronensaft beträufeln. Etwa 30 Minuten zugedeckt stehen lassen.

2 Den Backofen auf 220 °C vorheizen. Den Reis nach Packungsanweisung garen.

3 Die Spieße auf ein mit Backfolie ausgelegtes Backblech geben und ca. 10 Minuten backen. Nach 5 Minuten vorsichtig wenden.

4 1 TL Öl in einer beschichteten Pfanne erhitzen, die tiefgefrorenen Paprikastreifen hinzufügen und unter Rühren anbraten. Mit Salz und Pfeffer würzen, anschließend zugedeckt ca. 2 Minuten bei geringer Hitze schmoren lassen.

5 Die Spieße und das Paprikagemüse auf Tellern anrichten, mit den Schnittlauchröllchen garnieren und den Reis dazu servieren.

Tipp: Wenn Soße gewünscht wird, süßsaure Asiasoße (Fertigprodukt) unter das Paprikagemüse mischen und mit erhitzen.

Huhn mit Mandeln

Für 4 Personen • pro Portion ca. 447 kcal, 15 g Fett, 40 g KH • 30 % kcal aus Fett
Zubereitungszeit: ca. 25 Minuten

- 200 g Basmati-Reis
- 600 g TK-Hähnchen-Brustfilet, naturbelassen
- 1 EL Öl
- 2 zerdrückte Knoblauchzehen
- 1 TL Ingwerpulver
- 1 TL Zimtpulver
- 80 g geschälte halbe Mandeln
- Salz
- Pfeffer
- je 2 EL Zitronen- und Orangensaft
- 100 ml Apfelsaft
- 2 Orangen, filetiert
- 2 EL TK-Petersilie

1 Den Reis nach Packungsanleitung zubereiten.

2 Die über Nacht zugedeckt im Kühlschrank aufgetauten und trockengetupften Hähnchen-Brustfilets in Streifen schneiden. Das Öl in einer beschichteten Pfanne erhitzen und das Fleisch darin rundum anbraten. Den Knoblauch, den Ingwer, den Zimt und die Mandeln hinzufügen und etwa 10 Minuten mitbraten. Mit Salz und Pfeffer würzen.

3 Den Zitronen- und Orangensaft sowie den Apfelsaft hinzufügen. Das Ganze erhitzen und abschmecken.

4 Zum Schluss die Orangenfilets und die Petersilie zugeben und mit dem Basmati-Reis servieren.

Kokoshähnchen mit Mango-Reis

Für 4 Personen • pro Portion ca. 613 kcal, 19 g Fett, 68 g KH • 28 % kcal aus Fett
Zubereitungszeit: ca. 25 Minuten

- 250 g Basmati-Reis
- Salz
- 4 TK-Hähnchen-Brustfilets, naturbelassen, à ca. 150 g
- Pfeffer aus der Mühle
- 1 TL Öl
- 4 EL Kokosraspel
- 200 ml Kokosmilch
- 200 ml Geflügelbrühe
- 1 EL Curry, mittelscharf
- 1–2 EL Soßenbinder, hell
- 1–2 reife Mangos (à ca. 250 g)
- Korianderblättchen oder glatte Petersilie zum Garnieren

1 Den Reis nach Packungsanweisung in gesalzenem Wasser garen. Die über Nacht zugedeckt im Kühlschrank aufgetauten Hähnchen-Brustfilets trockentupfen, salzen und pfeffern. Das Ganze in einer beschichteten Pfanne im heißen Öl von jeder Seite etwa 5 Minuten bei mittlerer Temperatur braten. Kurz vor Ende der Bratzeit das Fleisch mit den Kokosraspeln bestreuen, anschließend herausnehmen und warm stellen.

2 Die Kokosmilch und die Geflügelbrühe in die Pfanne gießen, aufkochen und den Bratenfond lösen. Mit Curry, Salz und Pfeffer abschmecken und mit dem Soßenbinder etwas andicken.

3 Die Mangos schälen, Hälften rechts und links am Kern entlang abschneiden. Das gesamte Fruchtfleisch würfeln und unter den Reis heben. Danach nochmals kurz erhitzen. Den Reis mit den schräg in Scheiben geschnittenen Hähnchen-Brustfilets und der Soße anrichten. Mit Korianderblättchen oder glatter Petersilie garnieren.

Truthahnbrust mit Kartoffel-Käse-Kruste

Für 4 Personen • pro Portion ca. 352 kcal, 10 g Fett, 24 g KH • 26 % kcal aus Fett
Zubereitungszeit: ca. 30 Minuten

- 4 TK-Truthahn-Schnitzel à ca. 120 g
- Salz
- Pfeffer aus der Mühle
- 1 TL Rapsöl
- 2 Kartoffeln à ca. 75 g
- 100 g Edamer (30 % Fett)
- Muskat
- 75 g TK-Zwiebelwürfel
- 400 ml Geflügelfond (im Glas)
- 1–2 TL getr. Majoran
- 1 EL Crème fraîche légère (12 % Fett)
- 100 ml Gemüsebrühe, instant
- 600 g TK-Leipziger Allerlei
- 1 EL Butter
- 1 Prise Zucker
- 2 EL TK-Petersilie

1 Den Backofen auf 175 °C vorheizen.

2 Die Truthahn-Schnitzel über Nacht zugedeckt im Kühlschrank auftauen lassen, trockentupfen und mit Salz und Pfeffer würzen. Das Öl in einer beschichteten Pfanne erhitzen und die Schnitzel goldbraun von beiden Seiten anbraten. Herausnehmen und in eine Auflaufform legen.

3 Die Kartoffeln waschen, schälen und fein raspeln. Den Käse reiben, mit den Kartoffeln mischen. Mit Salz, Pfeffer und Muskat würzen. Die Masse auf den Schnitzeln verteilen und im heißen Ofen ca. 10 Minuten überbacken. Etwa 2–3 Minuten vor Ende der Garzeit den Flächengrill des Backofens zuschalten.

4 Die Zwiebelwürfel im Bratfett glasig dünsten, mit dem Geflügelfond ablöschen. Den Majoran zufügen und die Soße etwas einkochen lassen. Mit Crème fraîche légère und evtl. Salz und Pfeffer abschmecken.

5 Inzwischen die Brühe zum Kochen bringen, das tiefgefrorene Gemüse mit der Butter hinzufügen und zugedeckt etwa 8 Minuten garen. Mit Salz, Pfeffer und Zucker würzen, mit der Petersilie bestreuen.

6 Die Truthahn-Schnitzel mit dem Gemüse und der Soße auf Tellern anrichten.

Tipp: Dazu servieren Sie am besten Salzkartoffeln.

Truthahn-Gemüse-Curry

Für 4 Personen • pro Portion ca. 466 kcal, 10 g Fett, 54 g KH • 19 % kcal aus Fett
Zubereitungszeit: ca. 30 Minuten

1–2 Knoblauchzehen
1 Stück frischer Ingwer, ca. 20 g
500 g TK-Truthahn-Schnitzel
200 g Reis
1 EL Öl
100 g TK-Zwiebelwürfel
Salz
Pfeffer aus der Mühle
1–2 EL kräftiges Currypulver
500 ml Hühnerbrühe, instant
500 g TK-Blumenkohl
350 g TK-Broccoli-Röschen
250 g Tomaten
100 g Crème fraîche légère (12 % Fett)
3–5 EL Soßenbinder, hell

1 Den Knoblauch abziehen, den Ingwer schälen, alles fein würfeln. Die über Nacht zugedeckt im Kühlschrank aufgetauten Truthahn-Schnitzel trockentupfen und in Würfel schneiden.

2 Den Reis nach Packungsanweisung zubereiten.

3 Das Öl in einer großen, beschichteten Pfanne erhitzen, das Fleisch darin rundherum anbraten. Die Zwiebeln, den Knoblauch und den Ingwer zufügen und anschmoren. Mit Salz und Pfeffer würzen, mit Curry bestäuben. Unter Rühren anschwitzen und mit der Brühe ablöschen. Den tiefgefrorenen Blumenkohl sowie den Broccoli zufügen, aufkochen und zugedeckt ca. 8 Minuten köcheln.

4 Die Tomaten waschen, vierteln, entkernen, in Spalten schneiden, zum Curry geben und erhitzen. Crème fraîche légère einrühren und den Soßenbinder nach Bedarf zugeben und aufkochen. Das Curry mit Salz und Pfeffer abschmecken und mit dem Reis servieren.

Schweinemedaillons mit Champignons auf Kartoffelscheiben

Für 4 Personen • pro Portion ca. 429 kcal, 13 g Fett, 35 g KH • 27 kcal aus Fett
Zubereitungszeit: ca. 50 Minuten

- 800 g Kartoffeln
- 200 g TK-Zwiebelwürfel
- 1/2 l Gemüsebrühe, instant
- Öl zum Einfetten der Auflaufform
- 500 g TK-Schweinefilet-Medaillons, mariniert
- Salz
- weißer Pfeffer aus der Mühle
- 1/8 l Weißwein
- 1 Stückchen frischer Ingwer
- 1 kleiner Zweig Rosmarin
- 2 Knoblauchzehen
- 20 g Butter
- 350 g TK-Champignons in Scheiben
- 2 EL TK-Petersilie
- 3 mittelgroße Tomaten

1 Die Kartoffeln waschen, schälen und in 1/2 cm dicke Scheiben schneiden. Die Kartoffelscheiben in der Gemüsebrühe zum Kochen bringen, in 10 Minuten bissfest kochen. Die letzten 2 Minuten die Zwiebelwürfel hinzufügen und mitgaren. In einem Sieb abtropfen lassen, dabei die Brühe auffangen.

2 Eine Auflaufform mit wenig Öl einfetten. Die Kartoffelscheiben und Zwiebelwürfel lagenweise einschichten. Dazwischen Salz und Pfeffer streuen. Den Backofen auf 200 °C vorheizen.

3 Die über Nacht zugedeckt im Kühlschrank aufgetauten Schweinefilet-Medaillons quer zur Faser in je 3 Scheiben schneiden. Den Ingwer schälen und fein reiben, den Knoblauch schälen. Die Hälfte der Butter in einer beschichteten Pfanne zerlassen.

4 Die Filetscheiben pro Seite eine Minute braten. Herausnehmen und auf die Kartoffeln legen. Ingwer, Rosmarinnadeln und eine Knoblauchzehe ca. 2 Minuten im restlichen Bratfett braten. Mit dem Wein und der Brühe ablöschen, 1 Minute kochen lassen, dann die Soße über dem Fleisch verteilen.

5 Die restliche Butter in einer beschichteten Pfanne zerlassen. Die gefrorenen Champignons mit dem Knoblauch sowie 1 EL Petersilie zugeben, bei starker Hitze etwa 3 Minuten dünsten bis der Fond fast vollständig reduziert ist und über das Fleisch geben. Die Tomaten waschen, den Stielansatz entfernen, in Scheiben schneiden, obenauf legen und mit Salz und Pfeffer würzen. Das Gericht im heißen Backofen noch ca. 6–7 Minuten backen. Mit der restlichen Petersilie bestreut servieren.

Lammrücken mit mediterranem Gemüse

Für 4 Personen • pro Portion ca. 447 kcal, 14 g Fett, 44 g KH • 28 % kcal aus Fett
Zubereitungszeit: ca. 40–50 Minuten

- 850 g Kartoffeln
- Salz
- je 1 Zucchini und Aubergine
- 1 EL Olivenöl
- 100 g TK-Zwiebelwürfel
- 1–2 Knoblauchzehen
- 300 g TK-Paprikastreifen
- 1 Dose geschälte Tomaten oder Tomatenwürfel
- 1 Würfel Gemüsebrühe
- 2 EL TK-Kräutermischung (z. B. Schnittlauch, Petersilie, Zwiebeln und Schnittknoblauch)
- Pfeffer aus der Mühle
- 500 g TK-Lammrücken-Medaillons, mariniert
- 8–10 kleine Rosmarinzweige

1 Die Kartoffeln schälen, waschen und in Salzwasser gar kochen. Die Aubergine sowie die Zucchini putzen, waschen und in Stücke schneiden.

2 Das Öl in einer beschichteten Pfanne erhitzen, die Zwiebelwürfel hinzufügen und andünsten. Den Knoblauch abziehen, dazupressen und mitdünsten. Das vorbereitete Gemüse, die tiefgefrorenen Paprikastreifen und die geschälten Tomaten oder Tomatenwürfel mit der Flüssigkeit zugeben, den Brühwürfel darin auflösen und alles zugedeckt 20 Minuten schmoren lassen. Die Kräutermischung unterrühren und mit Salz und Pfeffer abschmecken.

3 Die über Nacht zugedeckt im Kühlschrank aufgetauten Lammrücken-Medaillons in einer heißen, beschichteten Pfanne ohne Fett 3–4 Minuten von jeder Seite braten. Nach dem Wenden jeweils einen kleinen Rosmarinzweig auf die Medaillons legen und mit dem Pfannenwender festdrücken.

4 Das Fleisch zusammen mit dem Gemüse und den Kartoffeln anrichten.

Leichtigkeiten für den Abend

Abendessen

Bunte pikante Party-Baguettes

Für 4 Personen • pro Portion (3 Baguettehälften) ca. 403 kcal, 7 g Fett, 60 g KH • 16 % kcal aus Fett
Zubereitungszeit: ca. 20 Minuten

- 6 TK-Baguette-Brötchen à ca. 60 g
- 12 EL Salsa (pikant)
- 3 Scheiben gekochter Schinken, ohne Fettrand
- 150 g TK-Grönlandkrabben
- 150 g TK-Julienne Gemüse-Mix (z. B. Karotten, Pastinaken und Spargel in sehr feinen Streifen)
- 150 g geriebener Edamer (30 % Fett)
- 1 EL TK-Schnittlauch
- Backfolie

1 Den Backofen auf 220 °C vorheizen.

2 Die tiefgefrorenen Baguette-Brötchen auf einem mit Backfolie belegtem Backblech verteilen und auf der mittleren Schiene etwa 8 Minuten backen. Etwas abkühlen lassen, halbieren und auf jeder Baguettehälfte 1 EL Salsa verteilen. Alle Hälften nebeneinander auf das mit Backfolie belegte Backblech legen.

3 Den Schinken in Streifen schneiden und auf vier Baguettehälften verteilen. Die Grönlandkrabben über Nacht zugedeckt im Kühlschrank auftauen und abtropfen lassen. Anschließend auf weitere vier Baguettehälften verteilen. Den ebenfalls über Nacht zugedeckt im Kühlschrank aufgetauten Julienne Gemüse-Mix auf den übrigen Baguettehälften verteilen.

4 Zum Schluss alle Baguettehälften mit dem Käse bestreuen. Im Backofen ca. 5 Minuten auf der obersten Schiene überbacken. Mit dem Schnittlauch bestreut servieren.

Rustikale Möhrensuppe

Für 4 Personen • pro Portion ca. 117 kcal, 3 g Fett, 17 g KH • 23 % kcal aus Fett
Zubereitungszeit: ca. 30 Minuten

- 1 l Gemüsebrühe, instant
- 100 g Kartoffeln, geschält und gewürfelt
- 300 g TK-Möhren, gewürfelt
- 100 g TK-Bouillon-Gemüse (z. B. Karotten, Stauden- und Knollensellerie, Porree und Zwiebeln sehr klein gewürfelt)
- 2 TL Currypulver, mittelscharf
- 2 EL heller Balsamico-Essig
- Salz
- Pfeffer aus der Mühle
- 2 Scheiben Vollkornbrot
- 4 EL saure Sahne
- 2 EL TK-Petersilie

1 Die Gemüsebrühe mit den Kartoffelwürfeln aufkochen und bei geschlossenem Deckel leise köcheln lassen. Nach 10 Minuten die Möhrenwürfel sowie das Bouillon-Gemüse hinzufügen, nochmals aufkochen und weitere 10 Minuten bei geschlossenem Deckel garen. Die Suppe pürieren, mit Currypulver, Essig, Salz und Pfeffer abschmecken.

2 Die Vollkornbrotscheiben zerkrümeln. Die Möhrensuppe in Suppenteller oder -tassen geben, je einen Klecks saure Sahne in die Mitte setzen, die Brotkrümel darüber streuen und mit der Petersilie garnieren.

Lauwarmer Spargelsalat mit Rucola

Für 4 Personen • pro Portion ca. 95 kcal, 3 g Fett, 18 g KH • 28 % kcal aus Fett
Zubereitungszeit: ca. 20 Minuten

- Salz
- 1 Prise Zucker
- 750 g TK-Weißer Stangenspargel
- 1 Bund Rucola
- 250 g Cocktailtomaten
- 1 TL scharfer Senf
- 1 EL Weißweinessig
- weißer Pfeffer aus der Mühle
- 1 EL Sonnenblumen- oder Distelöl
- 6 EL Naturjoghurt (1,5 % Fett)

1 In einem Topf reichlich Wasser zum Kochen bringen, Salz und Zucker zugeben und den Stangenspargel nach Packungsanleitung zubereiten.

2 In der Zwischenzeit den Rucola waschen, trockentupfen, die Stiele entfernen und grob hacken. Die Cocktailtomaten waschen und halbieren.

3 Den Senf mit dem Essig, Salz und Pfeffer verrühren, zwei EL vom Spargelkochwasser, das Öl und den Joghurt unterrühren.

4 Den Rucola am besten in eine längliche Auflaufform geben, die abgetropften Spargelstangen darauf anrichten, die Marinade sowie anschließend die Cocktailtomaten darüber verteilen. Den Salat sofort servieren.

Tipp: Dazu passen prima Baguette-Brötchen.

Je nach Geschmack können Sie auch etwas Zucker zum Abrunden der Salatsoße hinzufügen.

Geflügelsalat „Calypso“ mit Mango

Für 4 Personen • pro Portion ca. 322 kcal, 6 g Fett, 24 g KH • 17 % kcal aus Fett
Zubereitungszeit: ca. 20 Minuten

- 200 g TK-Erbsen extra zart
- 1 reife Mango
- 1 kleine Dose Ananasstücke
- 1 Chicorée
- 6 EL Orangensaft
- 100 g Naturjoghurt (1,5% Fett)
- 1 EL Sonnenblumenöl
- 2–3 EL Currypulver, mild
- Salz
- Pfeffer aus der Mühle
- 500 g TK-Hähnchen-Brustfiletstücke (gewürzt und gegart)
- 4 EL TK-Schnittlauch

1 Die Erbsen nach Packungsanweisung garen, abschrecken, abtropfen und abkühlen lassen.

2 Die Mango schälen, Fruchtfleisch vom Stein schneiden und würfeln. Die Ananas abtropfen lassen und den Saft dabei auffangen.

3 Den Chicorée halbieren, den Strunk entfernen, in feine Streifen schneiden und mit dem Orangensaft beträufeln.

4 Den Joghurt mit einem Teil des Ananassafts, dem Öl und dem Currypulver zu einer sämigen Konsistenz verrühren und mit Salz und Pfeffer abschmecken.

5 Die über Nacht zugedeckt im Kühlschrank aufgetauten Hähnchen-Brustfiletstücke, die Mango, die Ananas sowie die Erbsen mit der Joghurtsoße vermischen. Anschließend den Chicorée vorsichtig unterheben und alles evtl. nochmal mit Salz und Pfeffer würzen. Vor dem Servieren eine halbe Stunde in den Kühlschrank stellen.

Tipp: Dazu schmecken ausgezeichnet Ciabatta oder Baguette-Brötchen.

Grüner Reissalat

Für 8 Personen • pro Portion ca. 239 kcal, 8 g Fett, 35 g KH • 30 % kcal aus Fett
Zubereitungszeit: ca. 40 Minuten
Kühlzeit: mind. 30 Minuten

- 1 kleine, reife Honigmelone
- 3 unbehandelte Limetten
- 200 g Langkornreis
- Salz
- 200 g TK-Kaiserschoten
- 1 Bund Frühlingszwiebeln
- 200 g TK-Erbsen extra zart
- 300 g saure Sahne (10 % Fett)
- 50 g Salatmayonnaise (50 % Fett)
- 2 EL Honig
- 1 Prise Cayennepfeffer
- bei Bedarf etwas Milch (1,5 % Fett)
- 2 Schalen Gartenkresse, ersatzweise TK-Petersilie

1 Die Melone halbieren und entkernen. Die Hälften in Spalten schneiden, schälen und in 1/2 cm dicke Scheiben schneiden. Die Limetten abwaschen, trockentupfen. Die Schale abreiben und den Saft auspressen. Die Melonenstücke mit der Limettenschale und 9 EL Saft mischen. Durchziehen lassen, bis die übrigen Zutaten vorbereitet sind.

2 Den Reis nach Packungsanweisung in reichlich Salzwasser kochen. Die tiefgefrorenen Zuckerschoten quer halbieren, 2 Minuten vor Ende der Garzeit zum Reis geben und nochmals aufkochen lassen. Beides in einem Sieb mit kaltem Wasser abschrecken und abtropfen lassen.

3 Die Frühlingszwiebeln putzen, waschen, das Hellgrüne und Weiße in dünne Ringe schneiden und mit den tiefgefrorenen Erbsen unter den Reis mischen.

4 Die saure Sahne mit der Mayonnaise und dem Honig verrühren. Mit Salz und einer kräftigen Prise Cayennepfeffer würzen. Die Soße mit den Melonenstücke, der Marinade und der Reismischung vermengen und mindestens 30 Minuten durchziehen lassen. Falls der Reis zu trocken ist, etwas Milch untermengen. Die Kresse abschneiden und unterheben.

Tipp: Als Alternative zu den Limetten können Sie auch unbehandelte Zitronen verwenden!

Broccoli-Kartoffel-Salat

Für 4 Personen • pro Portion ca. 152 kcal • 3 g Fett • 24 g KH • 18 % kcal aus Fett
Zubereitungszeit: ca. 25 Minuten

- 300 g TK-Broccoli-Röschen
- Salz
- 500 g Pellkartoffeln
- 1 rote Paprikaschote in feinen Streifen
- 1 Beutel „Mischung für Salatsoße", z. B. ‚Kräuter-Paprika'
- 2 EL Sonnenblumenöl
- 2 EL Gemüsebrühe, instant
- 2–3 EL scharfer Gewürzketchup
- Pfeffer aus der Mühle
- 2 EL TK-Schnittlauch

1 Etwa 150 ml Wasser mit Salz zum Kochen bringen und den Broccoli bissfest garen. Anschließend abgießen, das Kochwasser auffangen.

2 Die Kartoffeln pellen, in Stücke schneiden und mit den Paprikastreifen und den Broccoli-Röschen mischen.

3 „Kräuter-Paprika" mit dem Öl, 5 EL Broccoli-Kochwasser, der Gemüsebrühe und dem Gewürzketchup mischen. Mit Pfeffer würzen, abschmecken und über den Salat geben. Mit Schnittlauch bestreut servieren.

Tipp: Dazu passen gut Truthahn-Schnitzel.

Fantastische Gemüsepfanne mit leichtem Joghurt-Kräuter-Dip

Für 4 Personen • pro Portion ca. 127 kcal, 4 g Fett, 14 g KH • 28 % kcal aus Fett
Zubereitungszeit: ca. 20 Minuten

- 100 ml Gemüsebrühe
- 1 TL Butter
- 800 g TK-Gemüse-Mix (z. B. Blumenkohl, Zucchini, Broccoli, Mais und rote Paprika)
- Salz
- Pfeffer aus der Mühle
- 500 g Joghurt (1,5 % Fett)
- 3 EL TK-Kräutermischung (z. B. Schnittlauch, Petersilie, Zwiebeln und Schnittknoblauch)

1 Die Gemüsebrühe mit der Butter aufkochen, den tiefgefrorenen Gemüse-Mix hinzufügen und nochmals aufkochen. Bissfest auf mittlerer Stufe mit geschlossenem Deckel garen. Den Deckel abnehmen und die Flüssigkeit abgießen. Die Gemüsepfanne mit Salz und Pfeffer abschmecken.

2 Zu dem Joghurt die Kräuter hinzufügen und mit Salz und Pfeffer würzen und verrühren. Die Gemüsepfanne mit dem Dip servieren.

Tipp: Laugenbrezeln eignen sich sehr gut als Beilage. Die Fantastische Gemüsepfanne passt auch als Beilage zu Pangasiusfilet, Riesengarnelen oder Hähnchen-Brustfilet.

Exotische Früchtepfanne

Für 4 Personen • pro Portion ca. 234 kcal, 4 g Fett, 22 g KH • 15 % kcal aus Fett
Zubereitungszeit: ca. 15 Minuten

- 1 EL Sonnenblumenöl
- 4 TK-Truthahn-Schnitzel à ca. 120 g
- Salz
- weißer Pfeffer aus der Mühle
- 100 g TK-Zwiebelwürfel
- 500 g TK-Fruchtsalat (z. B. Melonen, Mandarinen, Ananas, Weintrauben, Mango, Pfirsich und Papaya)
- 3 EL Tomatenketchup
- 6 EL Orangensaft
- 1–2 EL Balsamico-Essig
- 1 EL Currypulver, mittelscharf
- 2 EL TK-Schnittlauch

1 Das Öl in einer beschichteten Pfanne heiß werden lassen. Die über Nacht zugedeckt im Kühlschrank aufgetauten Truthahn-Schnitzel in mundgerechte Stücke schneiden und rundum ca. 6 Minuten anbraten. Aus der Pfanne nehmen, mit Salz und Pfeffer würzen und zugedeckt zur Seite stellen.

2 Die Zwiebelwürfel nur kurz im Bratfett andünsten. Das aufgetaute und evtl. etwas kleiner geschnittene Obst hinzufügen. Das Tomatenketchup sowie den Orangensaft unterrühren und aufkochen. Das Fleisch zugeben, das Ganze etwa 2 Minuten köcheln lassen, mit Essig, Salz, Pfeffer und Curry abschmecken.

3 Die exotische Früchtepfanne mit dem Schnittlauch bestreut servieren.

Tipp: Reichen Sie dazu Reis oder als schnellen Imbiss frisch geröstete Toastbrotecken.

Gebackene Kartoffelspalten mit Limetten-Dip

Für 4 Personen • pro Portion ca. 361 kcal, 6 g Fett, 56 g KH • 15 % kcal aus Fett
Zubereitungszeit: ca. 50 Minuten

- 1,2 kg Kartoffeln
- Salz
- Pfeffer aus der Mühle
- 2 TL Paprikapulver
- 100 ml Gemüsebrühe
- 3 EL heller Balsamico-Essig
- 600 g TK-Broccoli-Röschen
- 500 g TK-Paprikastreifen
- 150 g TK-Champignons in Scheiben
- 2 EL TK-Kräutermischung (z.B. Schnittlauch, Petersilie, Zwiebeln und Schnittknoblauch)
- 200 g Joghurt (1,5 % Fett)
- 100 g Crème fraîche légère (12 % Fett)
- Saft einer Limette
- Backfolie

1 Den Backofen auf 200 °C vorheizen. Die Kartoffeln gründlich waschen, in Spalten schneiden und auf ein mit Backfolie ausgelegtes Backblech legen. Mit Salz, Pfeffer und Paprikapulver kräftig würzen. Im heißen Backofen ca. 45 Minuten backen. Während der Backzeit des Öfteren wenden.

2 Die Brühe und den Essig zum Kochen bringen, das tiefgefrorene Gemüse und die Kräuter hinzufügen und etwa 8 Minuten bissfest garen.

3 Den Joghurt mit Crème fraîche légère und dem Limettensaft verrühren und mit Salz abschmecken.

4 Die Kartoffelspalten mit dem Gemüse und dem Dip servieren.

Pilz-Kartoffel-Auflauf

Für 4–6 Personen • Nährwerte berechnet für 4 Personen • pro Portion ca. 282 kcal, 5 g Fett, 46 g KH • 16 % kcal aus Fett
Zubereitungszeit: ca. 40 Minuten
Backzeit: ca. 15 Minuten

- 5 g getrocknete Steinpilze
- 1 kg fest kochende Kartoffeln
- 2 Zucchini à 250 g
- 1 EL Öl
- 250 g TK-Champignons in Scheiben
- 200 g TK-Porree
- Salz
- Pfeffer aus der Mühle
- 50 g TK-Zwiebelwürfel
- 300 ml Gemüsebrühe, instant
- 200 ml Milch (1,5 % Fett)
- 1 Prise Zucker
- 1–2 EL Soßenbinder, hell
- 1 TL Halbfettmargarine für die Form
- 1 mittelgroße Tomate, gehäutet, entkernt und das Fruchtfleisch in Würfel geschnitten

1 Die Steinpilze mit 250 ml heißem Wasser übergießen, 30 Minuten ziehen lassen. Die Kartoffeln waschen, mit der Schale 20 Minuten kochen, abgießen, abschrecken, schälen und in Scheiben schneiden. Die Zucchini putzen, waschen und in Scheiben schneiden. Den Backofen auf 200 °C vorheizen.

2 Das Öl in einer beschichteten Pfanne erhitzen, die Zucchini, die tiefgefrorenen Champignons und den Porree darin anbraten. Mit Salz und Pfeffer kräftig würzen und anschließend herausnehmen.

3 Die Steinpilze abgießen, abtropfen lassen und die Flüssigkeit dabei auffangen. Die Steinpilze fein hacken und mit den Zwiebeln im restlichen Bratfett andünsten. Mit Pilzwasser, Brühe und Milch ablöschen und aufkochen. Mit Salz, Pfeffer und Zucker würzen, mit dem Soßenbinder binden.

4 Die vorbereiteten Zutaten in eine gefettete Auflaufform schichten. Die Soße darüber gießen und im heißen Backofen ca. 15 Minuten backen.

5 Die Tomatenwürfel über den Auflauf streuen.

Bohnenpfanne mit Garnelen

Für 4 Personen • pro Portion ca. 353 kcal, 10 g Fett, 34 g KH • 25 % kcal aus Fett
Zubereitungszeit: ca. 30 Minuten

300 g TK-Dicke Bohnen
1 Dose (425 ml) weiße Bohnen
3–4 Knoblauchzehen
250 g TK-Grönlandkrabben
3 EL Olivenöl
Salz
Pfeffer aus der Mühle
2 EL TK-Petersilie
1 unbehandelte Zitrone

1 Die tiefgefrorenen Dicken Bohnen in etwa 200 ml kochendes Salzwasser geben, aufkochen lassen und ca. 12–16 Minuten mit geschlossenem Deckel bei mittlerer Hitze garen. Die weißen Bohnen in einem Sieb abspülen und abtropfen lassen. Den Knoblauch abziehen und in Scheiben schneiden. Die über Nacht zugedeckt im Kühlschrank aufgetauten Grönlandkrabben trockentupfen.

2 Die Dicken Bohnen abgießen. Das Öl in einer beschichteten Pfanne erhitzen und den Knoblauch darin anbraten. Die gesamten Bohnen zufügen, unter Rühren 3–4 Minuten dünsten, mit Salz und Pfeffer würzen.

3 Die Grönlandkrabben und die Petersilie über die Bohnenpfanne streuen.

4 Die Zitrone heiß abwaschen und in Scheiben schneiden. Die Bohnenpfanne mit den Zitronenscheiben anrichten.

Tipp: Lauwarm serviert, ist das Gericht auch ideal als Partysalat geeignet.

Gebratener Kabeljau auf feinem Gemüse

Für 4 Personen • pro Portion ca. 261 kcal, 6 g Fett, 20 g KH • 21 % kcal aus Fett
Zubereitungszeit: ca. 15 Minuten
Marinierzeit: ca. 30 Minuten

4 TK-Kabeljaufilets à ca. 150 g
Salz
Pfeffer aus der Mühle
2 EL Zitronensaft
1 EL Mehl
1 EL Rapsöl
200 ml kräftige Gemüsebrühe, instant
800 g TK-Julienne Gemüse-Mix (z. B. Karotten, Pastinaken und Spargel in sehr feine Streifen geschnitten)
2 EL gehackte, ungesalzene Erdnüsse
1 EL TK-Petersilie

1 Den über Nacht zugedeckt im Kühlschrank aufgetauten Fisch trockentupfen, mit Salz, Pfeffer und Zitronensaft würzen. 30 Minuten stehen lassen, erneut trockentupfen und leicht mit Mehl bestäuben. Das Öl in einer beschichteten Pfanne erhitzen, die Kabeljaufilets bei mittlerer Hitze auf jeder Seite ca. 5 Minuten braten.

2 In der Zwischenzeit die Brühe zum Kochen bringen, das Gemüse hinzufügen, aufkochen und etwa 4 Minuten garen.

3 Das Gemüse auf 4 Teller geben, den Fisch darauf anrichten. Mit den gehackten Erdnüssen und der Petersilie bestreuen.

Tipp: Wenn Sie das Gericht als Mittagessen zubereiten, empfehlen wir als Beilage schwäbische Eierspätzle oder Salzkartoffeln.

Garnelenpfanne „Kanton“ mit Erbsen und Kaiserschoten in Ingwersoße

Für 4 Personen • pro Portion ca. 284 kcal, 8 g Fett, 24 g KH • 25 % kcal aus Fett
Zubereitungszeit: ca. 30 Minuten

- 200 g TK-Erbsen extra zart
- 6 Frühlingszwiebeln
- 2 Knoblauchzehen
- 1 Stück frischer Ingwer (ca. 20 g)
- 1/4 l Geflügelfond oder Hühnerbrühe
- 4 EL Sojasoße
- 2 EL trockener Sherry
- 2 TL Speisestärke
- 2 EL Erdnussöl
- 500 g TK-Riesengarnelen, Abtropfgewicht 450 g
- Salz
- Pfeffer aus der Mühle
- 100 g TK-Zwiebelwürfel
- 400 g TK-Kaiserschoten
- evtl. 1 Prise Zucker zum Abrunden der Soße

1 Die Erbsen antauen lassen. Die Frühlingszwiebeln putzen, waschen und in feine Ringe schneiden. Den Knoblauch abziehen, den Ingwer schälen und beides fein würfeln.

2 Für die Würzsoße den Geflügelfond bzw. die Hühnerbrühe mit Sojasoße, Sherry und Speisestärke mischen.

3 In einer großen beschichteten Pfanne 1 EL Öl erhitzen. Die über Nacht zugedeckt im Kühlschrank aufgetauten und anschließend trockengetupften Garnelen unter Rühren bei starker Hitze 2–3 Minuten braten. Danach herausnehmen, salzen, pfeffern und warm stellen.

4 Das restliche Öl in die Pfanne geben, die Zwiebelwürfel, den Knoblauch, den Ingwer und die Kaiserschoten 5 Minuten unter Rühren anbraten. Die Frühlingszwiebeln, die Erbsen und die Garnelen untermischen, die Würzsoße zugeben. Alles einmal aufkochen lassen und mit Salz, Pfeffer sowie evtl. einer Prise Zucker abschmecken.

Tipp: Dazu empfehlen wir eine Gemüse-Wildreis-Mischung.

Schweinemedaillons mit Pfirsich und Gorgonzola

Für 4 Personen • pro Portion ca. 620 kcal, 20 g Fett, 42 g KH • 29 % kcal aus Fett
Zubereitungszeit: ca. 45 Minuten

- 1 große Dose Pfirsichhälften
- 120 g Gorgonzola
- 500 g TK-Schweinefilet-Medaillons, mariniert
- 1–2 Knoblauchzehen
- Salz
- 8 TK-Mini-Ciabatta à ca. 40 g
- Pfeffer aus der Mühle
- Backfolie

1 Den Backofen auf 200 °C vorheizen. Die Pfirsichhälften abtropfen lassen. Den Gorgonzola in dünne Scheiben schneiden.

2 Eine beschichtete Pfanne erhitzen und die über Nacht zugedeckt im Kühlschrank aufgetauten Medaillons ohne Zugabe von Fett auf jeder Seite 2 Minuten anbraten. Die Knoblauchzehen abziehen, in dünne Scheiben schneiden und mitdünsten.

3 Ein Backblech mit Backfolie auslegen, die Medaillons darauf verteilen, mit etwas Salz bestreuen und jeweils mit den Pfirsichhälften belegen.

4 Die Mini-Ciabatta zusammen mit den Schweinemedaillons in den Ofen schieben und alles etwa 10 Minuten backen. Kurz vor Ende der Garzeit die Mini-Ciabatta herausnehmen. Auf jedes mit Pfirsichhälften belegte Medaillon etwas Gorgonzola geben und nochmals in den Ofen schieben, bis der Käse leicht zerläuft.

5 Über jedes Medaillon etwas Pfeffer mahlen und mit den Mini-Ciabatta servieren.

Tipp: Sie können dieses Gericht auch sehr gut in einer Auflaufform zubereiten.

Wochenplan 1: LOW FETT 30 für Eilige

Für diesen Wochenplan haben die bofrost*Köche schon vorgearbeitet: Wenn Sie in Eile sind, können Sie auf die köstlichen Convenience-Produkte zurückgreifen und sparen somit Zeit!

	Montag	Dienstag	Mittwoch
Frühstück	**300 g bofrost*Bircher Müsli**	**Käse- und Konfitürebrot** 2 Scheiben Vollkornbrot als Belag: 1 TL Halbfettmargarine 30 g Camembert (30 % Fett) dazu 1 Tomate und 1 EL Magerquark 2 TL Konfitüre	**„Geflügel"-Brot** 2 Scheiben Vollkornbrot als Belag: 2 TL Halbfettmargarine 2 Scheiben Geflügelwurst mager 4 Salatblätter dazu 1 Tomate 1 Hand voll Radieschen
Nährwertangaben	366 kcal / 28,7 % Fett / 11,7 g Fett / 57,3 g KH	351,6 kcal / 19,4 % Fett / 7,6 g Fett / 50,3 g KH	306 kcal / 23,7 % Fett / 8 g Fett / 40 g KH
Snack	**Bayrisches Schmankerl** 1 bofrost*Laugenbrezel als Belag: 1 TL Halbfettmargarine dazu Cocktailtomaten	**Radieschenbrot** 2 Scheiben Knäckebrot als Belag: 2 EL Magerquark 1/2 Bund Radieschen 1 EL bofrost*Kräuterprofi Schnittlauch Salz, Pfeffer	**Rohkost** z. B. Möhren, Kohlrabi, Radieschen 1 Glas Fruchtbuttermilch (200 ml)
Nährwertangaben	220 kcal / 18,8 % Fett / 4,6 g Fett / 37,2 g KH	105 kcal / 8,5 % Fett / 1 g Fett / 15 g KH	125 kcal / 7,2 % Fett / 1 g Fett / 21 g KH
Mittag	**400 g bofrost*Linsensuppe**	**„Hähnchen mit Pommes"** 200 g bofrost*Backofen frites 2 bofrost*Gokkelchen auf bofrost*Knusper-Frit-Backpapier 250 g bofrost*Gemüse-Mix „Fantastico" (in etwas Gemüsebrühe zubereitet)	**2 bofrost*Thunfisch-Baguettes**
Nährwertangaben	352 kcal / 29,7 % Fett / 11,6 g Fett / 43,6 g KH	553,5 kcal / 22,8 % Fett / 14 g Fett / 60,4 g KH	542,5 kcal / 28,2 % Fett / 17 g Fett / 72,5 g KH
Snack	**Knuspriger Joghurt** 150 g Fruchtjoghurt (1,5 % Fett) gemischt mit 2 EL Cornflakes und 1 EL Haferflocken	**Fruchtiger Quark** 150 g Magerquark mit etwas Wasser glatt rühren 250 g bofrost*Feine Obstmischung und Süßstoff unterrühren	**Obstsalat** 1 Banane, 1 Kiwi, 1 Apfel, und 6 Walnusshälften klein schneiden und mit 1 EL Zitronensaft vermischen 125 g Joghurt, natur (1,5 % Fett) darüber geben
Nährwertangaben	190 kcal / 23,7 % Fett / 5 g Fett / 29 g KH	214 kcal / 4,2 % Fett / 1 g Fett / 13 g KH	380 kcal / 25,8 % Fett / 10,9 g Fett / 55 g KH
Abend	**Forellenbrot** 1 Scheibe Vollkornbrot als Belag: 1 TL Halbfettmargarine 1 TL Tomatenmark 125 g geräucherte Forelle dazu 1 kl. Glas Mixed Pickles	**Herzhafte Brote** 2 Scheiben Vollkornbrot als Belag: 1 TL Halbfettmargarine 1 Scheibe Hähnchenbrust und 1 EL Frischkäse (0,8 % Fett) 1 Stück Gurke 1 Tomate	**Herzhaftes Brot** 1 Scheibe Vollkornbrot als Belag: 1 TL Halbfettmargarine 1 Scheibe Lachsschinken dazu 2 Karotten
Nährwertangaben	351,2 kcal / 14,8 % Fett / 5,8 g Fett / 43,6 g KH	281 kcal / 19,9 % Fett / 6,2 g Fett / 39,7 g KH	161 kcal / 27,9 % Fett / 5 g Fett / 21 g KH
Gesamt:	**1479,2 kcal / 38,7 g Fett / 210,7 g KH**	**1505,1 kcal / 29,8 g Fett / 178,4 g KH**	**1514,5 kcal / 41,9 g Fett / 209,5 g KH**

Donnerstag	Freitag	Samstag	Sonntag
300 g bofrost*Bircher Müsli	**Süß-Fruchtiges Brötchen** 1 Sechskornbrötchen als Belag: 2 EL Magerquark 2 EL Konfitüre (ersatzweise Honig, Zuckerrübensirup) 1 Banane	**Geflügel- und Honigbrote** 2 Scheiben Vollkornbrot als Belag: 1 TL Halbfettmargarine 1 Scheibe Hähnchenbrust dazu 1 Paprika und 1 EL Magerquark 2 TL Honig	**Sonntagsbrötchen** 1 Roggenbrötchen als Belag: 1 TL Ketchup oder Senf 1 Scheibe Lachsschinken dazu 1 Stück Gurke, 2 EL Magerquark 20 g Marmelade, 1 Ei (S)
366 kcal / 28,7 % Fett / 11,7 g Fett / 57,3 g KH	349 kcal / 2,6 % Fett / 1 g Fett / 52 g KH	329 kcal / 16,4 % Fett / 6 g Fett / 51,5 g KH	302 kcal / 20,8 % Fett / 7 g Fett / 35 g KH
Bayrisches Schmankerl 1 bofrost*Laugenbrezel als Belag: 1 TL Halbfettmargarine	**Tomatenbrot** 1 Scheibe Vollkornbrot als Belag: 1 TL Halbfettmargarine 250 g Cocktailtomaten	**1 Orange**	**1 Apfel**
220 kcal / 18,8 % Fett / 4,6 g Fett / 37,2 g KH	120 kcal / 1,6 % Fett / 0,2 g Fett / 19,2 g KH	63 kcal / 0 % Fett / 0 g Fett / 12 g KH	68 kcal / 13,2 % Fett / 1 g Fett / 14 g KH
500 g bofrost*Nudelpfanne „Milano" in 1 TL Öl in der Pfanne zubereitet	**400 g bofrost*Gemüse-Wildreis-Mischung** in der Mikrowelle zubereitet mit Salz und Pfeffer würzen	**Spaghetti Bolognese** 100 g (roh) Spaghetti 300 g bofrost*Pastasauce Bolognese dazu 200 g Blattsalat als Dressing: 1 TL Olivenöl, Essig, Basilikum, Salz und Pfeffer	**200 g bofrost*Kabeljaufilet** gedünstet in 1 TL Öl und Gemüsebrühe dazu 50 g (roh) Reis und 200 g bofrost*Crème-fraîche-Broccoli-Gemüsemischung 1 bofrost*Vitamin-10-Eis
479 kcal / 23,4 % Fett / 12,5 g Fett / 66 g KH	456 kcal / 25,2 % Fett / 12,8 g Fett / 70 g KH	675 kcal / 22,6 % Fett / 17 g Fett / 101,3 g KH	626,8 kcal / 27,5 % Fett / 19,2 g Fett / 68,1 g KH
„Apfel+Keks" 5 Butterkekse 1 Apfel	**Fruchtiger Quark** 200 g Magerquark mit etwas Wasser glatt rühren 250 g bofrost*Feine Obstmischung und Süßstoff unterrühren	**Truthahnbrot** 1 Scheibe Vollkornbrot als Belag: 1 TL Halbfettmargarine 1 Scheibe Truthahnbrust dazu 1 Stück Gurke	**Süßer Hefezopf** 1 bofrost*Butter-Hefezopf als Belag: 2 EL Magerquark und 3 TL Konfitüre
184 kcal / 17,1 % Fett / 3,5 g Fett / 33,3 g KH	250 kcal / 3,6 % Fett / 1 g Fett / 13 g KH	136 kcal / 13,2 % Fett / 2 g Fett / 18 g KH	361 kcal / 21,9 % Fett / 8,8 g Fett / 54,2 g KH
Möhrensalat 300 g Möhren reiben Dressing: 1 TL Sonnenblumenöl, 1 TL Essig, 1 TL Zitronensaft, 1/2 TL Zucker, Salz, Pfeffer dazu 1 Roggenbrötchen	**2 bofrost*Frühlingsrollen** zubereitet im Backofen	**Tomate-Mozzarella** 200 g Tomate 1/2 Kugel Zottarella leicht 1 Zwiebel 1 EL Balsamico-Essig 4 Spritzer Olivenöl frisches Basilikum 2 Scheiben Vollkorntoast	**Schinkenbrot** 1 Scheibe Vollkornbrot als Belag: 1 TL Halbfettmargarine 1 Scheibe gek. Schinken dazu 4 Gewürzgurken
250 kcal / 9,7 % Fett / 2,7 g Fett / 52,4 g KH	336 kcal / 25,7 % Fett / 9,6 g Fett / 46,8 g KH	328 kcal / 28,8 % Fett / 10,5 g Fett / 36 g KH	163 kcal / 16,5 % Fett / 3 g Fett / 21 g KH
1499 kcal / 35 g Fett / 246,2 g KH	**1511 kcal / 24,6 g Fett / 201 g KH**	**1531 kcal / 35,5 g Fett / 218,8 g KH**	**1520,8 kcal / 39 g Fett / 192,3 g KH**

Wochenplan 2: LOW FETT 30 für Küchenfeen

In diesem Wochenplan finden Sie u. a. Rezepte aus den vorangegangenen Seiten und können nach Lust und Laune Ihre eigene Kreativität einbringen.

	Montag	Dienstag	Mittwoch
Frühstück	**Schinken- und Honigbrote** 2 Scheiben Vollkornbrot als Belag: 1 TL Tomatenmark 1 Scheibe Lachsschinken dazu 1 Tomate und 1 EL Magerquark 2 TL Honig	**Schinken- und Konfitürebrot** 2 Scheiben Vollkornbrot als Belag: 1 TL Halbfettmargarine 1 Scheibe Lachsschinken dazu 1 Stück Gurke und 1 EL Magerquark 2 TL Konfitüre	**Schinken- und Obstbrote** 1 Scheibe Vollkornbrot 1 Scheibe Knäckebrot als Belag: 1 Scheibe gekochter Schinken ohne Fettrand 1 TL Ketchup oder Senf 1 Stück Gurke 1 EL Magerquark, 1 Birne
Nährwertangaben	292 kcal / 3,1 % Fett / 1 g Fett / 52 g KH	310 kcal / 8,7 % Fett / 3 g Fett / 52 g KH	267 kcal / 13,4 % Fett / 4 g Fett / 42 g KH
Snack	**Apfeljoghurt** 150 g Joghurt, natur (1,5 % Fett) 1 Apfel in Stücke geschnitten oder gerieben 1 TL Honig 1 TL gehackte Mandeln oder Haselnüsse	**Apfelmus** 150 g Apfelmus ohne Zuckerzusatz 2 Vollkorn-Zwiebäcke (wer möchte, kann sich den Zwieback in das Apfelmus bröseln)	**Kiwi-Joghurt** 150 g Joghurt, natur (1,5 % Fett) 1 Kiwi 1 TL Honig 1 TL gehackte Mandeln oder Haselnüsse
Nährwertangaben	195 kcal / 23 % Fett / 5 g Fett / 48 g KH	262 kcal / 25,4 % Fett / 4 g Fett / 53 g KH	157 kcal / 28,6 % Fett / 5 g Fett / 3,7 g KH
Mittag	**Hähnchengeschnetzeltes** in Champignonrahm (siehe S. 52) als Beilage: 50 g Spätzle (roh)	**Schupfnudel-Auflauf** mit Kräuterkäsesoße (siehe S. 32)	**Kokos-Hähnchen** mit Mango-Reis (siehe S. 60)
Nährwertangaben	485 kcal / 16,7 % Fett / 9 g Fett / 50 g KH	517 kcal / 19,5 % Fett / 11,2 g Fett / 74,5 g KH	613 kcal / 28 % Fett / 19 g Fett / 68 g KH
Snack	**Rohkost mit Dip** 1 Möhre, 1 Paprika, 1/2 Bund Radieschen 50 g Joghurt, natur (1,5 % Fett) 1 TL Olivenöl TK-Kräutermischung Salz und Pfeffer 1 Scheibe Knäckebrot 200 ml Apfelschorle	**Süßes Brot** 1 Scheibe Vollkornbrot als Belag: 1 EL körniger Frischkäse 2 TL Konfitüre	**Rohkost mit Dip** 1 Möhre, 1 Paprika, 1/2 Bund Radieschen 50 g Joghurt, natur (1,5 % Fett) 1 TL Olivenöl TK-Kräutermischung Salz und Pfeffer 1 Scheibe Knäckebrot
Nährwertangaben	191 kcal / 23,5 % Fett / 5 g Fett / 21 g KH	198 kcal / 13,6 % Fett / 3 g Fett / 32 g KH	162 kcal / 27,7 % Fett / 5 g Fett / 16 g KH
Abend	**Kartoffel-Abend** Broccoli-Kartoffel-Salat (siehe S. 80) 150 g Joghurt mit Früchten (1,5 % Fett)	**Salat-Abend** 1 Baguette-Brötchen dazu Lauwarmer Spargelsalat mit Rucola (siehe S. 74)	**Krabbenbrötchen** 1 Baguette-Brötchen als Belag: 1 TL Tomatenmark und 1 TL Mayonnaise (50 % Fett) 2 Gewürzgurken, 50 g TK-Grönlandkrabben
Nährwertangaben	269 kcal / 16,7 % Fett / 5 g Fett / 44 g KH	249 kcal / 10,8 % Fett / 3 g Fett / 52 g KH	263,5 kcal / 22,8 % Fett / 6,7 g Fett / 36 g KH
Gesamt:	**1432 kcal / 25 g Fett / 215 g KH**	**1536 kcal / 24,2 g Fett / 263,5 g KH**	**1462,5 kcal / 39,7 g Fett / 165,7 g KH**

Donnerstag	Freitag	Samstag	Sonntag
Geflügel- und süße Brote 2 Scheiben Vollkornbrot 1 TL Tomatenmark 1 Scheibe Truthahnbrust dazu 1 Tomate und 1 EL Magerquark 2 TL Konfitüre	**Fruchtiges Brötchen** 1 Roggenbrötchen als Belag: 2 EL körniger Frischkäse 1 große Banane darüber 2 TL Honig verteilen und mit Zimt bestreuen	**Schokobrot** 1 Scheibe Vollkornbrot mit 25 g Nuss-Nougat-Creme 1 Banane	**Exotisches Schlemmeromelett** (siehe S. 16)
292 kcal / 3 % Fett / 1 g Fett / 52 g KH	351 kcal / 7,7 % Fett / 3 g Fett / 68 g KH	362 kcal / 26,1 % Fett / 10,5 g Fett / 57,5 g KH	353 kcal / 20 % Fett / 8 g Fett / 45 g KH
Gurkenbrot 1 Scheibe Vollkornbrot als Belag: 1 TL Halbfettmargarine und Gurkenscheiben Salz, Pfeffer Dill	**Schokoladiger Himbeerquark** 150 g Quark, mager mit etwas Mineralwasser glatt rühren 100 g Himbeeren und 1 EL Milchschokoladenstreusel	**Belegtes Brötchen** 1 Roggenbrötchen als Belag: 1 TL Tomatenmark 1 TL Halbfettmargarine 1 Scheibe Lachsschinken und 30 g Camembert (30 % Fett) 1 Tomate	**150 g Fruchtjoghurt** (1,5 % Fett)
141,6 kcal / 25,4 % Fett / 4 g Fett / 18 g KH	227,6 kcal / 14,6 % Fett / 3,7 g Fett / 21,4 g KH	250 kcal / 25,2 % Fett / 7 g Fett / 27 g KH	117 kcal / 15,4 % Fett / 2 g Fett / 20 g KH
Pikante Tomaten-Penne mit grünen Bohnen (siehe S. 28)	**Fischragout auf Pastablättern** (siehe S. 42)	**Asiatische Truthahn-Gemüse-Pfanne** 1 bofrost*Truthahn-Schnitzel in 1 TL Öl anbraten, aus der Pfanne nehmen; 1 kl. Möhre, 1/2 grüne Paprika, 40 g Bambussprossen anbraten, mit Gemüsebrühe ablöschen, mit Salz Pfeffer, Curry und Ingwerpulver würzen; mit Fleisch und 50 g (roh) Reis servieren	**Kaiserschoten-Spargel-Risotto mit Hähnchenbruststreifen** (siehe S. 50)
582 kcal / 19 % Fett / 12 g Fett / 99 g KH	441 kcal / 29 % Fett / 14 g Fett / 39 g KH	347 kcal / 10,4 % Fett / 4 g Fett / 45 g KH	494 kcal / 23,7 % Fett / 13 g Fett / 58 g KH
1 Schokokuss	**Schinkenbrot** 1 Scheibe Vollkornbrot als Belag: 1 TL Halbfettmargarine 1 Scheibe Lachsschinken dazu 1 Paprika	**Joghurt mit Flakes** 5 EL Cornflakes mit 100 g Joghurt, natur (1,5 % Fett) und 1 klein geschnittenen Apfel mischen 10 Gummibärchen	**Pfannkuchen mit Vanilleeis** 2 Heidelbeer-Pfannkuchen mit 1 Kugel (50 g) bofrost*Crème-Vanille-Bourbon-Eiskrem
101,6 kcal / 22,1% Fett / 2,5 g Fett / 18,9 g KH	161 kcal / 27,9 % Fett / 5 g Fett / 21 g KH	222 kcal / 8,1 % Fett / 2 g Fett / 39 g KH	353 kcal / 25,4 % Fett / 10 g Fett / 53 g KH
Italienischer Abend 1 Ciabatta mit Pesto Tomatensalat: 2 Tomaten beträufelt mit 1 TL Balsamico-Essig 1 TL Olivenöl Salz, Pfeffer frisches Basilikum	**Ei-Brötchen** 1 Sechskornbrötchen als Belag: 2 TL Ketchup 1 TL Halbfettmargarine 1 Scheibe Truthahnbrust 1 hart gekochtes Ei, frische Gurkenscheiben und frischer Schnittlauch 10 Gummibärchen	**Thunfischbrot** 1 Scheibe Vollkornbrot 50 g Thunfisch (eingelegt in Wasser) verrühren mit 1 EL Frischkäse (0,8 % Fett) 2 klein geschnittenen Gewürzgurken Pfeffer und TK-Kräutermischung 60 g Salzstangen	**Pfirsich-Hähnchen-Toast** 1 Pfirsich (Dose) in Scheiben schneiden 2 Scheiben Vollkorntoast mit 1 TL Halbfettmargarine bestreichen und mit 2 Scheiben Hähnchen- oder Putenbrust und Pfirsich belegen
402,5 kcal / 28,8 % Fett / 13 g Fett / 58,1 g KH	336 kcal / 28,1 % Fett / 10,5 g Fett / 43,6 g KH	332 kcal / 5,9 % Fett / 2,2 g Fett / 53 g KH	255 kcal / 17,6 % Fett / 5 g Fett / 29 g KH
1519,7 kcal / 32,5 g Fett / 246 g KH	**1516,6 kcal / 36,2 g Fett / 193 g KH**	**1513 kcal / 25,7 g Fett / 221,5 g KH**	**1572 kcal / 38 g Fett / 205 g KH**

LOW FETT 30-TABELLE

Produktbezeichnung	Gramm	kcal	Fett (g)	Kohlenhydrate (g)	kcal aus Fett (%)*
GETREIDEPRODUKTE					
Amaranth	100	364	8,8	57,0	21,8
Baguette	100	272	2,0	56,0	6,6
bofrost*Bircher Müsli	100	122	3,9	19,1	28,8
bofrost*Brötchen-Korb Kaiserbrötchen	St.	115	0,7	22,8	5,4
bofrost*Brötchen-Korb Käsebrötchen	St.	143,5	3,3	23,1	20,4
bofrost*Brötchen-Korb Mohnbrötchen	St.	126,5	1,5	23,9	10,3
bofrost*Brötchen-Korb Roggenbrötchen	St.	125	0,7	26,2	5,0
bofrost*Brötchen-Korb Sechskornbrötchen	St.	130,5	2,5	22,2	17,2
bofrost*Laugenbrezeln	St.	202,3	2,6	37,2	11,6
bofrost*Laugenstangen	St.	181	3,5	30,1	17,4
bofrost*Original französische Baguette-Brötchen	St.	154,2	0,2	33,6	1,2
bofrost*Original italienische Mini-Ciabatta	St.	97,7	0,4	19,8	3,7
bofrost*Vollkorn-Brotkorb Dinkelkernbrot	100	230	6,0	34,4	23,5
bofrost*Vollkorn-Brotkorb Sonnenblumenbrot	100	233	6,0	35,8	23,1
bofrost*Vollkorn-Brotkorb Vierkornbrot	100	225	6,5	32,1	26,0
Brötchen, hell	100	254	1,7	49,6	6,0
Buchweizen, Korn	100	319	1,5	74,0	4,2
Buchweizengrütze	100	339	1,4	72,6	3,7
Buchweizenmehl	100	358	2,4	70,7	6,0
Cous-Cous	100	332	0,8	69,0	2,2
Dinkelflocken	100	303	2,0	62,0	5,9
Gerste	100	318	1,9	63,3	5,4
Gerstengraupen	100	340	1,2	71,0	3,1
Gerstengrütze	100	314	1,4	66,1	4,0
Grieß	100	326	0,0	14,0	0,0
Grünkern, Korn	100	327	2,4	63,3	6,6
Fladenbrot, Vollkorn-	100	370	4,0	70,0	9,7
Hafer, Korn	100	358	6,4	59,8	16,1
Haferflocken	100	375	6,3	63,3	15,1
Hafergrütze	100	392	5,3	69,7	12,1
Hafermehl	100	401	6,4	67,9	14,4
Hirse	100	356	3,5	68,8	8,8
Knäckebrot	100	317	1,3	65,3	3,7
Knäckebrot, Vollkorn	100	313	0,1	75,0	0,3
Kokoszwieback	100	420	12,0	71,0	25,7
Laugenbrötchen	100	246	1,8	50,3	6,6
Mais	100	333	3,4	64,7	9,2
Mehrkornbrötchen	100	233	6,7	49,0	25,9
Mohnbrötchen	100	268	5,4	47,0	18,1
Müsli Vierkorn	100	400	10,0	71,0	22,5

Produktbezeichnung	Gramm	kcal	Fett (g)	Kohlenhydrate (g)	kcal aus Fett (%)*
Paniermehl	100	350	0,0	70,0	0,0
Pumpernickel	100	204	0,8	41,1	3,5
Quinoa, Korn	100	343	5,0	60,3	13,1
Roggen, Korn	100	299	1,5	60,7	4,5
Roggenbrot	100	228	0,9	47,6	3,5
Roggenmehl, Type 1150	100	321	1,2	67,8	3,4
Roggenmischbrot	100	221	1,0	45,4	4,1
Roggenvollkornbrot	100	205	1,1	40,8	4,8
Semmelknödel	100	123	2,0	21,3	14,6
Weißbrot	100	237	1,1	47,8	4,2
Weizen, Korn	100	316	1,8	61,0	5,1
Weizengrieß	100	327	0,7	69,0	1,9
Weizenmehl, Type 405	100	336	1,6	67,2	4,3
Weizenmehl, Type 1050	100	338	0,9	70,9	2,4
Weizenmischbrot	100	239	1,0	50,0	3,8
Weizenschrotbrot	100	219	0,9	43,5	3,7
Weizenstärke	100	333	0,1	86,1	0,3
Weizentoastbrot	100	265	4,0	48,1	13,6
Weizenvollkornbrot	100	205	0,8	41,4	3,5
Zwieback	100	350	0,0	70,0	0,0
REIS, NUDELN					
Glasnudeln	100	160	0,0	20,0	0,0
Naturreis, gekocht	100	127	0,7	27,3	5,0
Nudeln, eifrei	100	362	1,2	75,2	3,0
Reis, gekocht	100	104	0,3	23,5	2,6
Reis parboiled, gekocht	100	123	0,3	27,6	2,2
Reis, Mehl	100	355	0,6	79,6	1,5
Risotto-Reis, roh	100	349	0,8	72,6	2,1
Vollkornnudeln	100	343	3,0	64,0	7,9
Wildreis, roh	100	338	2,0	73,0	5,3
GEMÜSE					
bofrost*Babymöhren	100	25	0,2	4,9	7,2
bofrost*Blattspinat	100	14	0,3	0,5	19,3
bofrost*Blumenkohl	100	23	0,3	2,5	11,8
bofrost*bo*Erbsen extra zart	100	81	0,5	12,6	5,6
bofrost*bo*Erbsen „Petit Pois“	100	81	0,5	12,6	5,6
bofrost*Bouillon-Gemüse	100	24	0,3	3,1	11,2
bofrost*Brechbohnen	100	33	0,2	5,3	5,4
bofrost*Broccoli-Röschen	100	26	0,2	2,8	6,9
bofrost*Champignons in Scheiben	100	20	0,2	1,9	9,0
bofrost*Dicke Bohnen	100	77	0,5	11,3	5,8
bofrost*Erbsen und Karotten	100	52	0,3	8,3	5,2
bofrost*Feine Gemüsebeilage	100	38	0,3	5,8	7,1
bofrost*Feinschmecker-Pilzmischung	100	15	0,3	1,7	18,0
bofrost*Fixfertig-Apfel-Rotkohl	100	65	1,7	11,0	23,5
bofrost*Gemüse-Mix „Fantastico“	100	28	0,4	4,2	12,9

*bei fettfreier Zubereitung

Produktbezeichnung	Gramm	kcal	Fett (g)	Kohlen-hydrate (g)	kcal aus Fett (%)*
bofrost*Gemüse-Wildreis-Mischung	100	114	3,2	17,5	25,3
bofrost*Julienne Gemüse-Mix	100	39	0,2	8,1	4,6
bofrost*Junger Spinat, bellinis	100	14	0,3	0,5	19,3
bofrost*Kaiserschoten	100	30	0,3	3,6	9,0
bofrost*Leipziger Allerlei	100	56	0,3	9,5	4,8
bofrost*Mais	100	101	1,2	19,2	10,7
bofrost*Möhren, gewürfelt	100	25	0,2	4,9	7,2
bofrost*Paprikastreifen	100	26	0,3	4,7	10,4
bofrost*Pariser Karotten	100	25	0,2	4,9	7,2
bofrost*Porree	100	24	0,3	3,2	11,2
bofrost*Prinzessbohnen	100	32	0,2	5,1	5,6
bofrost*Romanesco-Gemüse-Mix	100	31	0,3	4,9	8,7
bofrost*Rosenkohl-Röschen	100	29	0,5	2,4	15,5
bofrost*Rosenkohl-Röschen, extra fein	100	29	0,5	2,4	15,5
bofrost*Suppengemüse, 10 Sorten	100	29	0,3	4,3	9,3
bofrost*Weißer Stangenspargel	100	17	0,2	2,0	10,6
bofrost*Zwiebelwürfel	100	31	0,3	5,8	8,7
Kichererbsen, grün	100	143	2,4	21,2	15,1
Kichererbsen, trocken	100	314	3,1	48,6	8,9
Kidneybohnen	100	308	3,3	50,0	9,6
Linsen, gekocht	100	90	0,4	13,4	4,0
Mungbohnen	100	303	1,0	46,5	3,0
Mungobohnensprossen	100	23	0,3	1,8	11,7
Tomaten, in Dosen	100	19	0,2	3,6	9,5
Tomatenmark	100	39	0,5	5,5	11,5
OBST					
Ananas, in Dosen	100	84	0,2	20,2	2,1
Äpfel, getrocknet	100	264	1,5	60,8	5,1
Apfelmus	100	79	0,1	19,3	1,1
Aprikosen, getrocknet	100	247	0,5	55,7	1,8
Aprikosen, in Dosen	100	75	0,1	18,1	1,
Bananen, getrocknet	100	326	0,8	75,2	2,2
Birnen, in Dosen	100	77	0,1	18,7	1,2
bofrost*Erdbeeren	100	33	0,4	6,5	10,9
bofrost*Exotischer Fruchtsalat	100	57	0,2	13,2	3,2
bofrost*Feine Obstmischung	100	41	0,4	8,6	8,8
bofrost*Heidelbeeren	100	62	0,6	13,6	8,7
bofrost*Himbeeren	100	40	0,3	8,1	6,7
Datteln, getrocknet	100	278	0,5	66,3	1,6
Feigen, getrocknet	100	242	1,2	54,0	4,5
Kirschen, im Glas	100	82	0,2	19,5	2,2
Korinthen	100	259	0,0	63,1	0,0
Mango, in Dosen	100	82	0,0	20,3	0,0
Pfirsiche, getrocknet	100	242	0,5	57,7	1,9
Pfirsiche, in Dosen	100	69	0,1	16,5	1,3
Pflaumen, getrocknet	100	227	0,5	53,2	2,0

Produktbezeichnung	Gramm	kcal	Fett (g)	Kohlen-hydrate (g)	kcal aus Fett (%)*
Pflaumen, in Dosen	100	75	0,1	18,1	1,2
Preiselbeeren, in Dosen, ohne Zucker	100	34	0,5	6,5	13,2
BROTAUFSTRICHE					
Pflaumenmus	100	200	0,0	50,0	0,0
Quitten, Konfitüre	100	238	0,0	58,3	0,0
FLEISCH UND WURSTWAREN					
bofrost*Chinesisches Schweinefleisch süß/sauer	100	140	4,0	19,0	25,7
bofrost*Chop-Suey-Ente	100	63	1,4	5,3	20,0
bofrost*Geflügelleber "Grand Mère"	100	99	3,3	10,1	30,0
bofrost*Gokkelchen	100	138	1,1	14,1	7,2
bofrost*Hähnchen Toskana	100	83	2,8	6,2	30,4
bofrost*Hähnchenbrust „Kräuterfrischkäse"	100	100	2,5	1,1	22,5
bofrost*Hähnchen-Brustfilets, gewürzt	100	84	0,6	0,4	6,4
bofrost*Hähnchen-Brustfilets, naturbelassen	100	103	0,9	0,9	7,9
bofrost*Hähnchen-Brustfilets, paniert	100	128	1,1	11,4	7,7
bofrost*Hähnchen-Brustfiletstücke	100	128	1,6	2,0	11,2
bofrost*Hähnchen-Schnitzel „Cordon bleu"	100	136	2,7	8,9	17,9
bofrost*Hirschgulasch in Wildsoße	100	108	3,5	6,3	29,2
bofrost*Knusperfilets Kentucky Style	100	164	3,9	14,4	21,4
bofrost*Knusperfilets Kentucky Style Dipp	100	177	0,4	42,5	2,0
bofrost*Rehgeschnetzeltes in Preiselbeersoße	100	111	3,7	6,1	30
bofrost*Sauerbraten in Soße	100	111	3,4	4,4	27,6
bofrost*Schweineschnitzel, paniert	100	156	5,0	9,8	28,8
bofrost*Truthahn-Schnitzel	100	97	1,0	0,0	9,3
Kalb, Gulasch	100	111	3,1	0,0	25,1
Kalb, Haxe	100	98	1,6	0,0	14,7
Kalb, Kalbsbraten	100	113	3,0	0,0	24,0
Kalb, Kotelett	100	110	3,0	0,0	24,5
Kalb, Schnitzel	100	107	2,6	0,0	21,9
Lachsschinken	100	133	1,0	0,0	6,8
Lamm, Brust	100	381	3,7	0,0	8,7
Rind, Filetsteak	100	121	4,0	0,0	29,7
Rind, Gulasch aus der Keule	100	119	3,5	0,0	26,5
Rind, Hüftsteak	100	109	2,4	0,0	19,8
Rind, Leber	100	113	3,1	1,7	24,7
Rind, Rinderbraten aus der Keule	100	119	3,5	0,0	26,5
Rind, Roulade aus der Keule	100	119	3,5	0,0	26,5
Rind, Rumpsteak	100	121	4,0	0,0	29,7
Rind, Tatar	100	113	3,0	0,0	23,9
Rindfleisch mager	100	108	2,4	0,0	20,0
Schinken ohne Fettrand	100	145	2,9	0,0	18,0
Schweinefilet	100	106	2,0	0,0	17,0
Schweineschinkenbraten aus der Nuss	100	93	1,0	0,0	10,0
Schweineschnitzel aus dem Schinken	100	106	2,0	0,0	17,0
Wild, Hase	100	113	3,0	0,0	23,9
Wild, Hirsch	100	112	3,3	0,0	26,5

*bei fettfreier Zubereitung

Produktbezeichnung	Gramm	kcal	Fett (g)	Kohlenhydrate (g)	kcal aus Fett (%)*
Wild, Rehkeule	100	97	1,3	0,0	12,06
Wild, Rehrücken	100	122	3,6	0,0	26,6
FISCH					
Austern	100	66	1,2	4,8	16,4
Barsch	100	81	0,8	0,0	8,9
bofrost*„Limanda" (Pazifische Kliesche), naturbelassen	100	81	1,4	0,0	15,6
bofrost*Alaska-Seelachsfilet	100	74	0,4	0,0	4,9
bofrost*Fischletten	100	112	0,8	10,9	6,4
bofrost*Forellen	100	110	3,3	0,6	27,0
bofrost*Kabeljaufilet, naturbelassen	100	74	0,4	0,0	4,9
bofrost*Luxuskrabben	100	87	1,4	0,0	14,5
bofrost*Pangasiusfilets	100	85	2,5	0,9	26,5
bofrost*Riesengarnelen	100	60	0,0	0,0	0,0
bofrost*Rotbarschfilet, paniert	100	139	2,8	13,4	18,1
bofrost*Schellfisch	100	77	0,5	0,0	5,8
bofrost*Schollenfilet, naturbelassen	100	71	0,8	0,4	10,1
bofrost*Schollenfilet, paniert	100	143	1,7	17,6	10,7
bofrost*Seelachsfilet (Köhler)	100	80	0,3	0,0	3,4
Hecht	100	82	0,9	0,0	9,9
Heilbutt	100	101	2,3	0,0	20,5
Hummer	100	81	1,9	0,0	21,1
Krebs	100	65	0,5	0,0	6,9
Miesmuschel	100	51	1,3	0,0	22,9
Schellfisch	100	77	0,6	0,0	7,0
Schleie	100	77	0,7	0,0	8,2
Seehecht	100	91	2,5	0,0	24,7
Seeteufel	100	73	0,7	0,0	8,6
Seezunge	100	83	1,4	0,0	15,2
Steinbutt	100	82	1,7	0,0	18,6
Thunfisch in Wasser	100	113	0,5	0,0	4,0
Tintenfisch	100	68	0,8	0,0	10,6
Zander	100	83	0,7	0,0	7,6
MILCHPRODUKTE					
Buttermilch	100	39	0,5	4,8	11,5
Dickmilch, entrahmt	100	32	0,1	4,2	2,8
Harzer Käse	100	126	0,7	0,0	5,0
H-Milch, entrahmt	100	36	0,1	5,0	2,5
H-Milch (1,5 %)	100	47	1,5	4,9	28,7
Joghurt (1,5 %)	100	53	1,5	5,6	25,5
Joghurt aus Magermilch	100	39	0,1	4,9	2,3
Joghurt mit Früchten gezuckert	100	103	2,5	15,5	21,8
Kakaotrunk aus Magermilch	100	52	0,3	8,9	5,2
Kefir (1,5 %)	100	48	1,6	3,2	30,0
Kondensmagermilch, mit Zuckerzusatz	100	273	0,2	56,7	0,6
Kondensmagermilch, ohne Zuckerzusatz	100	83	0,2	12,1	2,2
Kondensmilch (4 %)	100	128	4,1	13,3	28,8

Produktbezeichnung	Gramm	kcal	Fett (g)	Kohlenhydrate (g)	kcal aus Fett (%)*
Molke, süß	100	26	0,2	5,0	6,9
Speisequark, mager	100	78	0,2	4,0	2,3
Trinkmilch, entrahmt	100	35	0,1	4,9	2,6
Trinkmilch, fettarm (1,5 %)	100	49	1,6	4,8	29,4
SONSTIGES					
Hühnereiklar	100	55	0,2	0,7	3,3
Kastanien	100	196	1,9	41,2	8,7
BACKZUTATEN					
Blatt-Gelatine, rot	100	352	0,0	0,0	0,0
Blatt-Gelatine, weiß	100	352	0,0	0,0	0,0
Bourbon-Vanillezucker	100	381	0,1	95,0	0,2
brauner Zucker	100	375	0,0	95,0	0,0
Fruchtzucker (Fructose)	100	400	0,0	99,0	0,0
Hefe	100	83	2,4	11,9	26,0
kandierte Früchte	100	250	0,0	62,0	0,0
Kandiszucker	100	400	0,0	100,0	0,0
Melasse	100	272	0,0	66,0	0,0
Orangeat	100	305	1,0	74,0	2,9
Puddingpulver	100	349	0,0	86,0	0,0
Puderzucker	100	375	0,0	86,0	0,0
Rohrzucker	100	390	0,0	97,6	0,0
Sahnesteif	100	365	0,0	91,2	0,0
Tortenguss, klar, mit Zucker	100	359	0,1	88,2	0,2
Tortenguss, klar, ohne Zucker	100	307	0,2	73,3	0,6
Traubenzucker	100	370	0,0	91,6	0,0
Trockenbackhefe	100	335	2,5	26,0	6,7
Ursüße (Zuckerrohr)	100	387	0,0	95,0	0,0
Vanillezucker	100	375	0,0	100,0	0,0
Vanillinzucker	100	394	0,0	98,5	0,0
Vollzucker (Zuckerrübe)	100	369	0,0	89,0	0,0
Zitronat	100	285	1,0	70,0	3,2
Zucker	100	400	0,0	100,0	0,0
Zuckerrübensirup	100	300	0,0	80,0	0,0
GEWÜRZE					
grüner Pfeffer	100	26	0,8	3,4	27,7
Ingwer	100	61	0,8	11,0	11,8
Senf, süß	100	125	4,0	6,0	28,8
Tomatenketchup	100	100	0,1	25,0	0,9
SÜSSIGKEITEN					
bofrost*Butter-Hefezöpfe	St.	324	8,8	52,2	24,3
bofrost*Obsttortenvielfalt	St.	226,3	6,8	38,3	27,04
Löffelbiskuit	100	400	0,0	80,0	0,0
EIS					
bofrost*Buntes Stieleis Fruchteis Däumling Erdbeer	100	102	0	25,6	0,0
bofrost*Buntes Stieleis Fruchteis Däumling Zitrone mit Cola-Aroma	100	77	0	19,3	0,0

*bei fettfreier Zubereitung

Produktbezeichnung	Gramm	kcal	Fett (g)	Kohlen-hydrate (g)	kcal aus Fett (%)*
bofrost*Buntes Stieleis Orangen-Fruchteis	100	96	0,0	24,0	0,0
bofrost*Ice Shake Mix Erdbeer	St.	216	6,7	33,7	27,9
bofrost*Ice Shake Mix Schoko	St.	214	6,8	32,4	28,6
bofrost*Kunterbunt	St.	73,5	0,1	18,0	1,2
GETRÄNKE					
Ananassaft	100	53	0,1	12,0	1,7
Apfelsaft	100	57	0,0	11,7	0,0
Apfelsinensaft	100	46	0,2	9,4	3,9
Aprikosennektar	100	60	0,1	14,4	1,5
Birnensaft, ungezuckert	100	45	0,0	11,0	0,0
Grapefruitsaft	100	36	0,1	7,2	2,5
Holunderbeerensaft	100	38	0,0	6,8	0,0
Johannisbeernektar	100	64	0,0	13,0	0,0
Tomatensaft	100	17	0,0	3,4	0,0
Traubensaft, rot	100	70	0,0	16,5	0,0
Zitronensaft	100	27	0,1	2,4	3,3
ALKOHOLISCHE GETRÄNKE					
Altbier	100	40	0,0	2,8	0,0
Pils	100	42	0,0	3,2	0,0
Roséwein	100	72	0,0	2,4	0,0
Rotwein	100	76	0,0	2,4	0,0
Sekt, halbtrocken	100	90	0,0	4,0	0,0
Weinschorle	100	36	0,0	1,6	0,0
Weißwein	100	68	0,0	2,4	0,0
FERTIGGERICHTE					
bofrost*Backofen frites	100	150	4,8	24,2	28,8
bofrost*Bihunsuppe	100	45	0,8	6,9	16,0
bofrost*bo*Frühlingsrollen	St.	168	4,8	23,4	25,7
bofrost*Ciabatta mit Pesto	St.	341,5	8,9	54,1	23,5
bofrost*Heidelbeer-Pfannkuchen	St.	110,5	1,1	20,2	9,0
bofrost*Kartoffelklöße	St.	86,6	0,2	19,8	1,6
bofrost*Linsensuppe	100	88	2,9	10,9	29,7
bofrost*Nudelpfanne „Milano"	100	85	1,3	13,2	13,8
bofrost*Original schwäbische Eierspätzle	100	171	2,5	30,7	13,2
bofrost*Original schwäbische Schupfnudeln	100	151	1,3	30,8	7,7
bofrost*Penne „Rialto"	100	181	5,0	28,0	24,9
bofrost*Penne Vier-Käse	100	181	5,0	28,0	24,9
bofrost*Pizza Bellissima „Florentina"	St.	781,7	17,4	119,1	20,0
bofrost*Pizza Bellissima „Rucola Pollo"	St.	647,8	18,6	86,1	25,8
bofrost*Pizza Bellissima „Tonno"	St.	873,6	25,9	101,9	26,7
bofrost*Reibekuchen	St.	80,4	2,1	13,9	23,5
bofrost*Semmelknödel	St.	165,6	3,3	27,9	17,9
bofrost*Sortimentspaket Baguette Thunfisch-Baguette	St.	271,3	8,5	36,3	28,2

*bei fettfreier Zubereitung

DAS BMI-DIAGRAMM

Legen Sie ein Lineal links im Diagramm an Ihre Körpergröße an und rechts bei dem Wert Ihres Gewichts. In der Mitte des Diagramms lesen Sie jetzt an der BMI-Skala den für Sie gültigen Wert ab.

Ein Beispiel: Bei einer Größe von 1,65 m und einem Gewicht von 75 kg liegt der BMI bei 27.

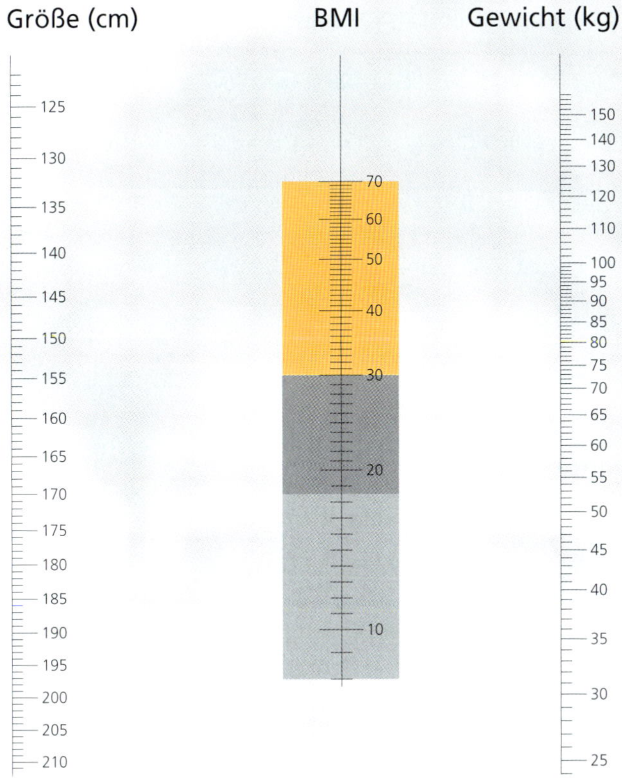

Die BMI-Formel

$$\text{BMI} = \frac{\text{Gewicht in Kilo}}{\text{Größe in m x Größe in m}}$$

Beispiel:
Die Körpergröße beträgt 1,65 m und das Gewicht 75 kg.

Sie rechnen zuerst 1,65 x 1,65 = 2,7225.

Nun teilen Sie 75 durch 2,7225.

Das Ergebnis ist 27,5.

Und was das bedeutet, sehen Sie hier unten.

Der Body-Mass-Index und seine Bedeutung

Männer	Frauen	Klassifizierung
bis 20	bis 19	Untergewicht
20 – 25	19 – 24	Normalgewicht
25 – 30	24 – 30	Übergewicht
über 30	über 30	starkes Übergewicht

Der Body-Mass-Index nach Altersstufen

Altersgruppe	Normalgewicht
19 – 24 Jahre	19 – 24
25 – 34 Jahre	20 – 24
35 – 44 Jahre	21 – 26
45 – 54 Jahre	22 – 27
45 – 64 Jahre	23 – 28
über 65 Jahre	24 – 29

REZEPTREGISTER

REZEPTREGISTER NACH TIEFKÜHLARTIKELN

Impressum

Service bofrost*

Fragen, Anregungen, Wünsche?

Rufen Sie uns gebührenfrei an:
0800–263 76 78
(montags bis freitags von 8 bis 18 Uhr)
oder schreiben Sie uns:

bofrost*Dienstleistungs GmbH & Co. KG
Serviceberatung
An der Oelmühle 6
47638 Straelen

E-Mail: **service@bofrost.de**

Kompetente Beratung ist für uns ebenso selbstverständlich wie top Qualität und bester Service.

Haben Sie Fragen zur gesunden Ernährung?
Unsere Ernährungsexperten beraten Sie gerne.
Rufen Sie gebührenfrei unten genannte Hotline an.

Sie sind noch kein bofrost*Kunde
und möchten unseren Service gerne in Anspruch nehmen?

Rufen Sie einfach unsere kostenlose Hotline an:
0800–263 76 78

Gerne beantworten wir Ihre Fragen und vermitteln Ihnen einen Ansprechpartner in Ihrer Nähe.
Herzlich willkommen bei bofrost*!

www.bofrost.de
Die Adresse für „Frische und Genuss" im Internet. Hier finden Sie nicht nur Wissenswertes rund um bofrost*Tiefkühlkost, sondern es steht Ihnen auch unser Online-Shop rund um die Uhr zur Verfügung.

Der Text dieses Buches entspricht den Regeln der neuen deutschen Rechtschreibung.

3 517 06922 1

© 2005 by bofrost*Dienstleistungs GmbH & Co. KG
© 2005 by Südwest Verlag, einem Unternehmen der Verlagsgruppe Random House GmbH, 81673 München

Die Verwertung der Texte und Bilder, auch auszugsweise, ist ohne Zustimmung der bofrost*Dienstleistungs GmbH urheberrechtswidrig und strafbar. Dies gilt auch für Vervielfältigungen, Übersetzungen, insbesondere für die Mikroverfilmung und die Verarbeitung mit elektronischen Systemen.

Umschlaggestaltung: Atelier Versen, Bad Aibling
Gestaltung: THEMA media GmbH, München
Redaktion: Birgit Oeser, bofrost*Dienstleistungs GmbH, Straelen
Redaktion dieser Auflage: Anja Halveland
Herstellung: THEMA media GmbH, München
Rezeptfotos: TLC Fotostudio GmbH, Velen-Ramsdorf
Weitere Fotos im Innenteil: Die Abbildungen auf S. 5 und S. 6 wurden freundlicherweise von der bofrost*Dienstleistungs GmbH und den Autorinnen zur Verfügung gestellt; S. 7 und S. 10 unten: bofrost*Dienstleistungs GmbH; S. 8, S. 11 und S. 13: Südwestarchiv, Foto Disc; S. 10 oben: Detlef Seidensticker, München; S. 12: Südwest Verlag/Chr. Kargel

Die Ratschläge in diesem Buch wurden von den Autorinnen und von der bofrost*Dienstleistungs GmbH sorgfältig erwogen und geprüft, dennoch kann eine Garantie nicht übernommen werden. Eine Haftung der Autorinnen bzw. der bofrost*Dienstleistungs GmbH und seiner Beauftragten für Personen-, Sach- und Vermögensschäden ist ausgeschlossen.

Satz: THEMA media GmbH, München · **Litho**: Lorenz & Zeller, Inning a. A. · **Druck**: Mohn Media, Gütersloh

817 2635 4453 6271